Ο αληθινός δάσκαλος

ΕΙΣΑΙ ΣΥΓΓΡΑΦΕΑΣ; ΓΙΝΕ ΕΚΔΟΤΗΣ!

ΣΤΙΣ **ΕΚΔΟΣΕΙΣ ΦΥΛΑΤΟΣ**

Copyright για ελληνική έκδοση
© Εκδόσεις Φυλάτος, © Fylatos Publishing, Θεσσαλονίκη 2013

Συγγραφέας: Άννα Δ. Παππά
Εκπαιδευτικός Πρωτοβάθμιας Εκπαίδευσης

Επιτρέπεται η αναδημοσίευση τμήματος του παρόντος έργου για λόγους σχολιασμού ή κριτικής. Επιτρέπεται η αναδημοσίευση περιορισμένων τμημάτων για επιστημονικούς λόγους, με υποχρεωτική αναγραφή του τίτλου του έργου, του συγγραφέα, του εκδότη, της σελίδας που αναδημοσιεύεται και της ημερομηνίας έκδοσης. Απαγορεύεται οποιαδήποτε διασκευή, μετάφραση και εκμετάλλευση, χωρίς αναφορά στους συντελεστές του βιβλίου και γραπτή άδεια του εκδότη σύμφωνα με το νόμο.
© Εκδόσεις Φυλάτος, © Fylatos Publishing
e-mail. contact@fylatos.com
web: www.fylatos.com
Σχεδιασμός Εξωφύλλου: © Εκδόσεις Φυλάτος
Σελιδοποίηση-Σχεδιασμός: © Εκδόσεις Φυλάτος
ISBN: 978-618-80902-1-7

Ο αληθινός δάσκαλος

*Μπορεί ο καλός δάσκαλος
να γίνει καλύτερος;*

Άννα Παππά

Εκδόσεις Φυλάτος
Fylatos Publishing
Θεσσαλονίκη 2013

Περιεχόμενα

Εισαγωγή:
Μπορεί ο καλός δάσκαλος να γίνει καλύτερος;............9

1. Ο ρόλος του σχολείου, οι κατευθύνσεις αγωγής......15
2. Ο διευρυμένος ρόλος του δασκάλου........................23
3. Η σχέση του δασκάλου με μαθητές και γονείς.........33
4. Η σχέση με τους συναδέλφους..............................45
5. Η συνομιλία του δασκάλου με τον εαυτό του.........53
6. Δάσκαλος, ο ισόβιος μαθητής................................59
7. Τα χαρακτηριστικά του αληθινού δασκάλου............65
   α. Προσωπική ταυτότητα
   β. Η επιθυμία να γίνει καλύτερος δάσκαλος
8. Η αξιοποίηση της τεχνολογίας...............................73
9. Η σχολική αίθουσα..81
   α. Η δημιουργική λειτουργία της αίθουσας
   β. Ευχάριστη ατμόσφαιρα, η συμβολή του δασκάλου
   γ. Τα εργαλεία στα χέρια του αληθινού δασκάλου
10. Συνεργασία με άλλους σπουδαίους δασκάλους.....103
11. Επίλογος..107

*Κάθε δάσκαλος χρειάζεται βελτίωση,
όχι γιατί δεν είναι αρκετά καλός,
αλλά γιατί μπορεί να γίνει καλύτερος*

-Dylan William

Εισαγωγη

Μπορεί ο καλός δάσκαλος να γίνει καλύτερος;

Η σύγχρονη κοινωνία κατάφερε να δημιουργήσει ένα, χωρίς προηγούμενο, επίπεδο τυπικής εκπαίδευσης. Είναι όμως γεγονός ότι, παράλληλα, παρήγαγε και νέες μορφές αμάθειας. Τις μορφές αυτές τις βλέπουμε και τις ακούμε, καθημερινά, στο δρόμο, στα μέσα μαζικής ενημέρωσης αλλά και στα μέσα κοινωνικής δικτύωσης. Η παρατήρηση του Christopher Lasch «ότι ολοένα και πιο δύσκολα οι άνθρωποι χειρίζονται τη γλώσσα τους με άνεση και ακρίβεια, ότι ολοένα και λιγότερο θυμούνται τα βασικά γεγονότα της ιστορίας της χώρας τους, ότι ολοένα και πιο δύσκολα κάνουν λογικές αφαιρέσεις ή κατανοούν γραπτά κείμενα εκτός από τα υποτυπώδη» δεν επιδέχεται διάψευση, ούτε αμφισβήτηση.

Από την άλλη μεριά διαπιστώνουμε την παρουσία έξοχων νέων επιστημόνων, που διαπρέπουν και καινοτομούν, σε όλα τα πλάτη και μήκη της γης.

Πώς λοιπόν το μέσο σχολείο καταφέρνει να είναι τριπολικό; Πώς καταφέρνει να παράγει «προϊόντα» με τρία ποιοτικά χαρακτηριστικά; Άριστους μαθητές, κακούς μαθητές και στη μέση τη μεγάλη μάζα των μέτριων; Ή αλλιώς θετικούς, αρνητικούς και ουδέτερους;

Απαντήσεις επιχειρήθηκαν να δοθούν άλλοτε από διακεκριμένους παιδαγωγούς, άλλοτε από κοινωνιολόγους, άλλοτε από ψυχολόγους και άλλοτε από... οικονομολόγους.

Οι πρώτοι, οι παιδαγωγοί, εστιάζουν στα εκπαιδευτικά συστήματα που, όπως διατείνονται, υπολείπονται της εποχής τους. Δεν προηγούνται, ούτε καν συμβαδίζουν με την εκάστοτε τεχνολογική και κοινωνική εξέλιξη, αλλά ακολουθούν ασθμαίνοντας.

Οι δεύτεροι, οι κοινωνιολόγοι, ενοχοποιούν το οικογενειακό, κοινωνικό και οικονομικό περιβάλλον.

Οι τρίτοι, οι ψυχολόγοι, ενοχοποιούν τα προηγούμενα δύο, αλλά κυρίως, την ατομική και προσωπική ιδιοσυστασία του μαθητή.

Τέλος, οι τέταρτοι, οι οικονομολόγοι, ισχυρίζονται ότι η κατάσταση βελτιώνεται με την επαρκή χρηματοδότηση της εκπαίδευσης, ακόμη και αν οι προηγούμενοι παράγοντες μένουν ως έχουν.

Στο βιβλίο αυτό θεωρούμε υπαρκτούς όλους τους παραπάνω παράγοντες αλλά δεν μπαίνουμε στον πειρασμό να τους αξιολογήσουμε. Είναι γόνιμα πεδία για συζητήσεις και διαφωνίες αλλά βρίσκονται εκτός σχολείου.

Στο βιβλίο αυτό περιοριζόμαστε στο ρόλο του κυριότερου σχολικού παράγοντα που είναι ο δάσκαλος. Πώς δηλαδή, ο δάσκαλος, μέσα στο οριοθετημένο σχολικό, οικονομικό και κοινωνικό πλαίσιο και οικογενειακό θα αυξήσει τον πρώτο πόλο, αυτόν δηλαδή των άριστων και θετικών μαθητών. Αλλά και πώς οι άρι-

Εισαγωγή

στοι και θετικοί μαθητές θα επενδύονται και από άλλα «ενδύματα» όπως κοινωνικά, πολιτιστικά, καθήκοντος, αλληλεγγύης και προσφοράς. Μπορεί ο δάσκαλος να επωμιστεί και αυτόν τον ρόλο;

Μπορεί. Αν είναι καλός δάσκαλος. Και αν είναι καλός να γίνει ακόμη καλύτερος, για να μπορεί ακόμη περισσότερο. Να γίνει αληθινός δάσκαλος. Αυτό διαπραγματευόμαστε στη συνέχεια του βιβλίου.

Τι, λοιπόν, χαρακτηρίζει τον λεγόμενο αληθινό δάσκαλο;

Τον χαρακτηρίζει ένα απλό πράγμα: το ότι έχει εντοπίσει την ουσία, όχι της εκπαίδευσης αλλά της παιδείας. Ότι δηλαδή εκπαίδευση επιδέχονται και οι σκύλοι αλλά παιδεία μόνον οι άνθρωποι. Αυτό το απλό πράγμα.

Έχει εντοπίσει ότι η ουσία της παιδείας στηρίζεται σε μία σειρά απλών διαπιστώσεων, που τις θεωρεί αυτονόητες.

Ο αληθινός δάσκαλος γνωρίζει καλά ότι:

α. Η παιδεία στηρίζεται στην κινητοποίηση των βαθύτερων ψυχικών ενδιαφερόντων, όπως είναι ο ενθουσιασμός, η αγάπη για μάθηση και η διεύρυνση των οριζόντων της φαντασίας και της σκέψης του μαθητή.

β. Ο τρόπος με τον οποίο προσφέρεται το μαθησιακό υλικό πρέπει να έχει ισχυρή συναισθηματική επένδυση, μέσα από την οποία θα κινητοποιούνται τα θετικά συναισθήματα ώστε να γίνονται αποδεκτές οι προσφερόμενες γνώσεις, οι οποίες στη συνέχεια θα επεξεργάζονται και θα προεκτείνονται.

γ. Η προσωπικότητα του διδασκάλου, ως φορέα

και μεταδότη των γνώσεων διαδραματίζει κεφαλαιώδη ρόλο στην όλη παιδαγωγική διαδικασία.

Η αμεσότητα της επικοινωνίας του δασκάλου με τον μαθητή και η δυνατότητα μεταλαμπάδευσης του ενθουσιασμού του και της αγάπης του μέσω της γνώσης, την οποίαν βιωματικά απεδέχθη και ο ίδιος, αποτελεί καθοριστικό συντελεστή για την συνειδητή ένταξη του μαθητή στην όλη εκπαιδευτική διεργασία.

δ. Η παιδεία διαπνέεται πάντοτε από έναν υψηλό ψυχολογικό χαρακτήρα, άγει σε υψηλότερες σφαίρες τη σκέψη και την ψυχή του μαθητή και, παράλληλα, τον γεμίζει με βαθιά χαρά, αισθήματα υπευθυνότητας, βαθύτερης ψυχικής κινητοποίησης, κοινωνικότητας και πρακτικότητας, τα οποία οδηγούν σε υψηλές θεωρητικές και φιλοσοφικές προεκτάσεις.

ε. Στην τέχνη του διδάσκειν, η χρησιμοποίηση της τεχνολογίας, των εποπτικών μέσων και πολλών παραστατικών εικόνων, εισάγει λειτουργικά τον μαθητή μέσα στο πεδίο των γνώσεων και τον καθιστά μέτοχο όχι μόνον της αποδοχής αλλά και της κατανόησης αναλλοίωτων αξιών, οι οποίες κρύβονται μέσα σε κάθε ένα γνωσιολογικό αντικείμενο.

στ. Η παιδεία καθίσταται μέθεξη και ανάβαση, πορεία προς την γνώση και την αρετή και μέσον πληρέστερης καλλιέργειας της ανθρώπινης ψυχής.

ζ. Μετά την ολοκλήρωση της φοίτησης στο σχολείο, το όφελος της ψυχικής καλλιέργειας και της διεύρυνσης των υπαρξιακών οριζόντων του μαθητή, μαζί με τα υψηλά πρότυπα των διδασκάλων του, θα αποτελέσουν το ωραιότερο υπόβαθρο για την ανάπτυξη ενός αρμονικού διαλόγου μεταξύ αυτού και της κοινωνίας.

ΕΙΣΑΓΩΓΗ

η. Τέλος ο αληθινός δάσκαλος γνωρίζει ότι όλα τα προηγούμενα έχουν ισόβια διάρκεια και χρησιμότητα.

Στο βιβλίο αυτό θα προσπαθήσουμε να εκφράσουμε με πολύ απλό τρόπο όλο το περίγραμμα των αξιών, οι οποίες διέπουν την διεργασία της παιδείας.

Θα αποφύγουμε δυσνόητους επιστημονικούς όρους.

Με τη δέουσα διεισδυτικότητα θα προσπαθήσουμε να μπούμε στην ψυχολογία της παιδείας και στην αρμονία, η οποία πρέπει να διέπει την προσωπικότητα του διδασκάλου και τη δυνατότητα να ακτινοβολεί τις αξίες από τις οποίες εμφορείται.

1
Ο ρόλος του σχολείου, οι κατευθύνσεις αγωγής

Κάθε ιστορική περίοδος έχει τις δικές της εκπαιδευτικές απαιτήσεις και συνεπώς καταρτίζει εκπαιδευτικά προγράμματα ικανά να ανταποκριθούν στις συγκεκριμένες απαιτήσεις.

Ιστορικά, όπου υπήρχε κοινωνική οργάνωση, υπήρχαν και σχολεία. Η πληρότητα της κοινωνικής οργάνωσης ήταν ταυτόσημη με την ποιότητα των σχολείων και αντίθετα.

Το σχολείο, με τα μορφωτικά ιδεώδη που καλλιεργούσε, διέπλαθε πολίτες ικανούς να υπηρετούν την «πατρίδα» στην οποία ζούσαν.

Στην αρχαία Σπάρτη, λ.χ. η πόλη – κράτος, αναλάμβανε τη φροντίδα της διαπαιδαγώγησης του παιδιού από μικρή ηλικία, ώστε αυτό να αποβεί Σπαρτιάτης, άξιος πολίτης, ικανός πολεμιστής, πρόθυμος να υπηρετεί και να θυσιάζει τη ζωή του για την ελευθερία, τη δόξα και το μεγαλείο της Σπάρτης.

Παρόμοιες επιδιώξεις είχε και η αγωγή των παίδων της Αθήνας και της Ρώμης.

Στο Βυζάντιο όπως το κάθε τι, έτσι και η παιδεία είχε εμποτιστεί με χριστιανικούς χυμούς.

Κατά τους μέσους και νέους χρόνους, στη διάρκεια των οποίων σε μερικές χώρες επικράτησαν απολυταρχικά και συγκεντρωτικά καθεστώτα, η δημιουργία πιστών υπηκόων και τυφλών οργάνων του κράτους ήταν στις προτεραιότητες του σχολείου.

- Ποιος όμως είναι ο ρόλος του πρωτοβάθμιου σχολείου σήμερα;
- Ποια είναι τα μορφωτικά του ιδεώδη και ποιες οι κατευθύνσεις αγωγής;
- Τι μεγέθους μορφοποιό δύναμη έχει και τι είδους πηγή ζωής είναι;
- Προβάλλει σύγχρονα ιδεώδη ή αναπαράγει τα παλαιά;
- Έχει τη φρεσκάδα της παιδικής ψυχής ή αναδίδει τη δυσοσμία του κατεστημένου;
- Τίνος υπηρέτης είναι το σχολείο; Του παιδιού ή άλλων;

Το σημερινό σχολείο προσπαθεί να τα υπηρετήσει όλα. Και το παιδί και τους «άλλους». Και αυτό είναι εσφαλμένο, διότι μορφωτικά ιδεώδη, που στο παρελθόν επικράτησαν και σήμερα επαναπροβάλλονται, με μεγάλη ή μικρή ένταση σαν νέα πρότυπα μόρφωσης, αποβαίνουν μονομερή και ανεπαρκή, παρά το μορφωτικό στοιχείο που, τυχόν, εμπεριέχουν. Άλλωστε, υπάρχει ο κίνδυνος όταν επιμείνει η παιδεία μας στα διάφορα ιδεώδη, (π.χ. πολιτικά, θρησκευτικά, ατομικά) να κατηγορηθεί ότι επιχειρεί, ενός βαθμού, κοινωνικό έλεγχο. Η Παιδεία μας δεν θα κατηγορηθεί όμως ποτέ για την αυξημένη προβολή του ανθρωπιστικού ιδεώδους.

Στις μέρες μας, η προβολή του ανθρωπιστικού ιδεώδους είναι περισσότερο από άλλοτε επιτακτική. Η τεχνική και τεχνολογική ανάπτυξη είναι υπέρμετρη. Δεν είναι ισοβαρής με την ανθρωπιστική. Παραμελεί τον άνθρωπο. Τον υποβιβάζει σε αχόρταγο καταναλωτή των προϊόντων που ο ίδιος κατασκευάζει.

Η σύγχρονη τεχνολογία αποξένωσε τον άνθρωπο, τον απομόνωσε στο εργονομικό του γραφείο. Τον έκανε να επικοινωνεί με τα δάχτυλα, με τα πλήκτρα, όχι με τη γλώσσα. Η σύγχρονη μοναξιά ήρθε για να μείνει.

Η σύγχρονη μοναξιά, σαν ομίχλη, σκέπασε όλες τις ηλικίες, περισσότερο τις νεότερες. Πλέον, το μοναδικό φως είναι αυτό της μικρής ή μεγάλης οθόνης αφής.

Παλαιότερα, ήταν αρκετή η επιδίωξη ότι ο σκοπός του δημοτικού σχολείου, είναι η ικανότητα της ανάγνωσης, της γραφής και των τεσσάρων πράξεων της αριθμητικής. Από την αντίληψη αυτή, προήλθε ο όρος «στοιχειώδης εκπαίδευση», που ακόμη και σήμερα χρησιμοποιείται.

Στο μυαλό του αληθινού δασκάλου, ο απώτερος σκοπός του σχολείου είναι πολύ πιο ευρύς, από τον στοιχειώδη. Έχει ως έργο του να συμβάλλει, με τον πιο παιδαγωγικό και θεμελιακό τρόπο ενέργειας, στην ανάπτυξη και στην εξέλιξη όλων των παιδικών δεξιοτήτων και ικανοτήτων, και επί πλέον στην ανάπτυξη της κριτικής σκέψης και στην ανάδειξη των πολιτιστικών αξιών.

Όμως στο βωμό της παγκοσμιοποίησης οι αξίες

ισοπεδώνονται. Μακραίωνες παραδόσεις καταπατούνται, η γλώσσα και η εκπαίδευση θεωρούνται απλώς όργανα ή μέσα που θα βοηθήσουν στην ομοιογένεια των ανθρώπων, σαν να είναι τυποποιημένα βιομηχανικά προϊόντα. Επικρατεί η τυποποίηση των πάντων, ακόμη και των ανθρώπων.

Μόνο σε ένα όνειρο του Orwell, θα ήταν δυνατό να επιβληθεί η σύνθλιψη κάθε διαφορετικότητας ως επικίνδυνης για το σύστημα. Επικίνδυνης γιατί μπορεί να δράσει καταλυτικά και να ανατρέψει τα σχέδια αυτών που θέλουν τον άνθρωπο αμόρφωτο.

Η πρόσκαιρη μόδα που αντικαθιστά την παντοτινή κουλτούρα, η διαφήμιση, τα Μ.Μ.Ε., όλα μαζί σε συνεργασία, αντικαθιστώντας το σχολείο, μαθαίνουν από νωρίς στον πολίτη- καταναλωτή-ψηφοφόρο το ρόλο που θα παίζει σε όλη του τη ζωή. Τον ρόλο του «ελεύθερου» ανθρώπου, χωρίς όμως πνευματική ελευθερία. Τον ρόλο του ανθρώπου του πλανητικού χωριού.

- Ποια είναι τα αντίβαρα που διαθέτει το σύγχρονο, το σκεπτόμενο σχολείο;
- Πώς σκέφτεται η σύγχρονη παιδαγωγική να αναπλάσσει ανθρώπους με ανθρώπινα μέτρα, με ανθρώπινα ψυχοπνευματικά χαρακτηριστικά;
- Πώς το σχολείο θα σταματήσει τον φαύλο κύκλο των διαφόρων εξαρτήσεων των νέων μας; Εξαρτήσεων είτε από την τεχνολογία, είτε από την υπερκατανάλωση, είτε από τις βλαπτικότητες. Μήπως το σχολείο δεν έχει αυτόν τον ρόλο; Ποιος τάχα τον έχει;

Δίπλα στα θετικά μαθήματα και τις νέες τεχνολογίες, το σχολείο πρέπει να διδάσκει, με έμφαση, και τα αρχαία γράμματα, γιατί είναι οι βασικές πηγές του πολιτισμού μας.

Τίποτε δε βοηθά περισσότερο σε αυτογνωσία και αυτομόρφωση, όσο η μελέτη και η πραγματική γνώση του κλασικού ελληνισμού.

Ο νέος άνθρωπος που μπαίνει στη ζωή, αγνός και αδιάφθορος καθώς είναι, δεν μπορεί παρά να κλείνει στην ψυχή του το μύθο ενός ανθρώπου καλύτερου. Όμως είναι φυσικό να μην έχει τόση αντοχή, όση χρειάζεται, για να κρατήσει τον μύθο αυτό αλώβητο μπροστά στη σκληρότητα της ζωής.

Το πιο μεγάλο στήριγμα για να ακουμπήσει, σε τέτοιες περιπτώσεις, είναι η εμπιστοσύνη που είχε ο αρχαίος Έλληνας στον άνθρωπο. Εδώ βρίσκεται η δικαίωση της κλασικής παιδείας.

Η κλασική παιδεία δε επιδιώκει να εξασκήσει μία συγκεκριμένη ικανότητα του ανθρώπου, όπως, για παράδειγμα, τα μαθηματικά ασκούν το λογικό. Ο κύριος σκοπός της δεν είναι τουλάχιστον μια τέτοια εξάσκηση.

Εκείνο που η κλασική παιδεία θέλει, είναι να φέρει το νέο σε επαφή με ένα πλήθος δυνατές και μεγάλες ψυχές, και έτσι να του δώσει τη χαρά, την πίστη στον άνθρωπο, κι ακόμα να κρατήσει ζωντανό μπροστά του το όραμα ενός μυθικού ανθρώπου.

Έτσι η ζωή του νέου ανθρώπου θα έχει κάποιο σκοπό και δεν θα παραδέρνει ακυβέρνητη, χωρίς να ξέρει για πού τραβάει.

Σήμερα, σε μια εποχή γενικής χρεοκοπίας των πνευματικών αξιών, το ανθρώπινο στοιχείο έχει σταδιακά λάβει τη μορφή ενός «ζώου» που ενεργεί μηχανικά, που είναι ένα καταναλωτικό μέλος μιας τυφλής και στατικής μάζας.

Έχει παραχαραχτεί η ποιότητα του ανθρώπινου υλικού. Και έχει διαφθαρεί το παιδί, γιατί έμαθε να εκτιμά περισσότερο εκείνον που σκέφτεται όμοια μ' αυτό, παρά εκείνον που σκέφτεται διαφορετικά απ' αυτό.

Το σχολείο έχει χρέος να επαναφέρει την ποιότητα του ανθρώπινου υλικού, να την κάνει καθαρή συνείδηση, να την υψώσει. Έχει χρέος να βάλει την ανθρώπινη ύπαρξη πάνω απ' όλα τα άλλα.

Το πρότυπο του πολίτη, που οφείλει να σφυρηλατήσει το σχολείο, δε θα είναι το τυφλό υποχείριο του marketing, ο πειθαρχημένος καταναλωτής, ούτε ο, χωρίς προσωπική γνώμη, υποτελής ενός αυταρχικού κράτους, αλλά ο φύλακας των αιωνίων ηθικών θησαυρών, ο αγωνιζόμενος για την επικράτηση των πνευματικών αξιών.

Το πρότυπο του ανθρώπου πολίτη και όχι του ανθρώπου υπηκόου, είναι η κύρια αποστολή του σχολείου.

Το καλλιτέχνημα του ελεύθερου ανθρώπου, όπου εναρμονίζονται όλες οι δυνάμεις της ζωής του, θα πρέπει να μείνει και σήμερα, η βασική του επιδίωξη.

Η καλαισθησία και η καλλιέργειά της στη σχολική αίθουσα είναι άλλη μία κατεύθυνση αγωγής, άλλος ένας ρόλος του σχολείου.

Ο καλαισθητικά μορφωμένος άνθρωπος είναι ο αληθινά και ηθικά ελεύθερος άνθρωπος. Τη σημασία της καλαισθητικής αγωγής πρώτοι αναγνώρισαν οι αρχαίοι Έλληνες και μάλιστα οι Αθηναίοι, που την είχαν αναγάγει σε βασικό μορφωτικό ιδεώδες.

Στους νεότερους χρόνους υπέρμαχος του καλαισθητικού μορφωτικού ιδεώδους ήταν ο Schiller, ο οποίος απέδιδε στην τέχνη την μορφωτική δύναμη, που έχει το παιχνίδι, για την ανύψωση του πνεύματος του ανθρώπου και την απελευθέρωσή του από τη δουλεία της ύλης.

Τα τελευταία χρόνια η καλαισθητική μόρφωση αποτελεί εσωτερική ανάγκη του ανθρώπου, γιατί μέσα από την τέχνη ζητά την ψυχαγωγία και την απολύτρωσή του από την μηχανοποίηση και μαζοποίηση της ζωής, που επέφερε η εξέλιξη της βιομηχανίας και της τεχνολογίας και οι γρήγοροι ρυθμοί που απαιτεί σύγχρονη εποχή.

Η καλαισθητική αγωγή συμβάλλει τα μέγιστα στον εκπολιτισμό του ανθρώπου.

Ο καλλιτέχνης δανείζει την ιδιοφυΐα του στην υπηρεσία των αξιών. Ο παιδαγωγικός ρόλος της τέχνης πρέπει να αναγνωριστεί, γιατί μια ιδέα που η λογική τη διατυπώνει με σελίδες κειμένων, η τέχνη με τα σύμβολά της την κάνει να μιλήσει με μια ματιά, άμεσα, στις ψυχές όλων των ανθρώπων.

Η αισθητική παιδεία δεν είναι πολυτέλεια, είναι ανάγκη. Αναπτύσσει τα αισθητικά κριτήρια και προάγει το ήθος και την ευγένεια της ψυχής.

Αν το σχολείο, διά μέσου του δασκάλου, κατορθώσει να εμφυσήσει στους μαθητές την πίστη και την αγάπη για τον άνθρωπο, αν βοηθήσει να πλαστούν άνθρωποι που να μπορούν να πουν γι' αυτούς, όταν πεθάνουν, ότι σ' όλη τους τη ζωή περπάτησαν με δύναμη και πίστη πάνω στο δρόμο της ανθρωπιάς, τότε το άστρο του μύθου θα φωτίζει το σχολείο και το δάσκαλο, γιατί ήταν ένας αληθινός *δάσκαλος*.

2
Ο διευρυμένος ρόλος του δασκάλου

Από τη συγκρότηση των πρώτων κοινωνικών ομάδων, που δημιούργησαν τους αρχέγονους πυρήνες των πολιτισμών στη γη μας, άρχισαν και οι πρώτες σκέψεις πάνω στο θέμα που λέγεται σχολείο.

Οι σκέψεις αυτές πέρασαν σταδιακά από διάφορες μορφές και ακολούθησαν διάφορες φόρμες, ώστε να συντηχθούν σε αυτό που στην αρχαία Ελλάδα ήταν το «σχολείο για την παιδεία» και, δυστυχώς σήμερα, κατάντησε το «σχολείο για την εκπαίδευση».

Η κατάργηση των γεωγραφικών συνόρων σε όλους τους τομείς της ανθρώπινης δράσης, η κυριαρχία των ΜΜΕ, η εργασιακή αστάθεια, οι κλυδωνισμοί της ειρήνης, της ελευθερίας και της κοινωνικής δικαιοσύνης αποτελούν μόνο μερικά από τα χαρακτηριστικά της νέας πραγματικότητας και σε αυτά τα επαναπροσδιορισμένα πλαίσια καλείται να κινηθεί ο χώρος της παιδείας.

Ο κόσμος σήμερα εξελίσσεται ταχύτατα και εφόσον στον τομέα της παιδείας, ως δάσκαλοι, μείνουμε σ' ένα προηγούμενο σχήμα, αναπόφευκτα θα είμαστε ξεπερασμένοι. Ήμαστε ήδη ξεπερασμένοι.

Παιδεία σημαίνει κατά μία έννοια και πρόβλεψη. Το παρόν και κυρίως το μέλλον επιζητούν ανύψωση του μέσου μορφωτικού επιπέδου και οι διεθνείς εξελίξεις στην εκπαίδευση επικαλούνται την παγκοσμιοποίηση ως επιχείρημα για τις μεταβολές.

Μέσα από τις πολυποίκιλες αναζητήσεις των καιρών μας για μια καλύτερη μόρφωση, ανταποκρινόμενη πληρέστερα στη σημερινή οικονομική, κοινωνική και πολιτισμική πραγματικότητα, σε συνθήκες ανταγωνιστικού ατομικισμού και υπέρμετρης κατανάλωσης, η εκπαίδευση προσαρμόστηκε, ήδη, ανάλογα. Η εκπαίδευση, όχι η παιδεία.

Αν θέλουμε να δώσουμε ορισμό για την παιδεία, θα μπορούσαμε να πούμε ότι είναι η συστηματική απόκτηση γνώσης για τη φύση, τον άνθρωπο και τον πολιτισμό του (πνευματικό και τεχνολογικό) και μέσω της γνώσης αυτής ο, εν συνεχεία, αέναος εκσυγχρονισμός της γνώσης για τη φύση, τον άνθρωπο και τον πολιτισμό του.

Το περιεχόμενο της παιδείας δεν εξαντλείται, επομένως, μόνο στην απόκτηση χρηστικών γνώσεων, στην αξιοποίηση των φυσικών δεξιοτήτων και στην προσαρμογή του ανθρώπου στο περιβάλλον, φυσικό και κοινωνικό. Το περιεχόμενο της παιδείας, πέρα και πάνω από αυτά, καλύπτει την καλλιέργεια του πνεύματος, την ορθή διαμόρφωση της προσωπικότητας του ανθρώπου και τη θετική στάση απέναντι στο φυσικό περιβάλλον και τους ανθρώπους.

Είναι γεγονός ότι ως τις πρώτες δεκαετίες του 20ου αιώνα, η αποστολή του σχολείου και του εκπαιδευτικού μπορούσε να θεωρηθεί σαφής και όχι τόσο σύνθετη, όπως στη σημερινή εποχή. Ο στόχος του σχολείου ήταν η προετοιμασία της νέας γενιάς μέσω της μετάδοσης ενός οριοθετημένου και μη αμφισβητούμενου πλέγματος γνώσεων και αξιών, για μια κοινωνία με περιορισμένη κινητικότητα.

Η παθητική στάση του μαθητή, τον μετέτρεπε σε παθητικό δέκτη ξένων επιθυμιών και πορισμάτων, ενώ ο εκπαιδευτικός είχε το ρόλο του μεσολαβητή, ο οποίος μεταβίβαζε τα αγαθά των γνώσεων στον μαθητή.

Μοιραία, ο άνθρωπος οδηγήθηκε στην αποξένωση, μέσα από ένα σύστημα που εμπόδιζε τον εκπαιδευτικό να ανοιχτεί σε νέες ιδέες, καθώς ακολουθούσε, υποχρεωτικά, την «πεπατημένη», που εκφραζόταν με την μέθοδο της διάλεξης, της παράδοσης, της λογοκοπίας.

Ταυτόχρονα, οι δραστηριότητες του μαθητή ολοκληρώνονταν μέσα σε κλίμα απομόνωσης και ατομικής προσπάθειας, στα πλαίσια ενός πλήρους ανταγωνιστικού πνεύματος, ατομικής προβολής και καταξίωσης. Το αποτέλεσμα ήταν οι μαθητές να αντιμετωπίζουν το σχολείο χωρίς κανένα συναισθηματικό δεσμό, χωρίς καμιά διάθεση συνεργασίας, πράγμα που, αργότερα, καθιστούσε το θέμα της παιδείας ακόμη πιο δύσκολο.

Μετά τον δεύτερο παγκόσμιο πόλεμο, που άλλαξε τη ζωή και τη σκέψη των ανθρώπων, αλλάζουν σημαντικά και τα παραπάνω καθώς άνεμος ελευθερίας πνέει και στο χώρο της παιδείας, η οποία γίνεται παιδοκεντρική και πολιτισμοκεντρική.

Βασίζεται μεν στη Βιωματική – Επικοινωνιακή διδασκαλία, αλλά, πάλι, δεν της επιτρέπεται να διανύσει όλο το μήκος των δυνατοτήτων της. Οι στοχαστές της παιδείας επικαλούνται την παγκοσμιοποίηση ως νομιμοποιητικό επιχείρημα για τις αλλαγές που δεν έγιναν ποτέ. Αποτέλεσμα είναι η εγκατάλειψη της γενικής παιδείας και η επαγγελματοποίηση της εκπαίδευσης.

Η λογική της επικερδούς εργασίας και το «φυσικό παιχνίδι» της αγοράς, εμποτίζουν σταδιακά την ψυχή και την ουσία της παιδείας με χυμούς αποβλάκωσης και καθυστέρησης έτσι ώστε η παιδεία από ψηλή και επιβλητική βελανιδιά να καταντήσει μια ασήμαντη καλαμποκιά που παράγει σπόρους υβριδικούς. Παράγει άτομα που εργάζονται χωρίς προσκόμματα και νεκρούς χρόνους, υποταγμένα στην κυριαρχία της εμπορευματικής οικουμενικότητας.

Η γνώση γίνεται εμπόρευμα και οι μαθητές, με διάφορα τεχνάσματα, προτρέπονται να αγοράσουν γνώση, που έχει ως άμεσο πρακτικό και οικονομικό αντίκρισμα, την επαγγελματική αποκατάσταση. Η γνώση παράγεται πλέον και στο internet και αφού είναι έτσι ας περιμένουμε, αργά ή γρήγορα, το κλείσιμο όλων των σχολείων.

Η οικονομία και οι σκληροί νόμοι της, είναι αυτοί που σήμερα, αλλά, κυρίως, στο μέλλον, θα παίζουν τον πρώτο ρόλο στην κοινωνία. Μέσα στο πλαίσιο αυτό, η στεγνή και αφυδατωμένη από ανθρωπισμό εκπαίδευση είναι το αποκλειστικό εφόδιο του ατόμου για την απόκτηση χρήματος, δύναμης και επιρροής.

Η αληθινή παιδεία και όχι η ξερή εκπαίδευση θα πρέπει να έχει τον κυρίαρχο ρόλο στη σύνταξη των σχολικών προγραμμάτων και στον αναπροσδιορισμό του περιεχομένου τους όταν μένει πίσω. Τότε και μόνον τότε ο προγραμματισμός και ο αναπροσδιορισμός δεν θα γίνεται με νόμους της οικονομικής επιστήμης, αλλά με νόμους της παιδαγωγικής. Τα προγράμματα να καταρτίζονται με την ουσιαστική συμβολή χαρισματικών δασκάλων, που αργότερα θα τα υλοποιούν.

Είναι μεγάλο λάθος, όταν ορίζουμε την παιδεία μόνο ως απόκτηση χρήσιμων γνώσεων. Την αντιλαμβανόμαστε έτσι, περισσότερο στατική κι όχι ως μια δύναμη που μπορεί να αλλάξει τη ζωή μας. Καλά θα κάνουμε να κατανοήσουμε την υπόστασή της, έτσι ώστε λέγοντας παιδεία, να μην εννοούμε την άγονη και στείρα πολυγνωσία, που μετατρέπει τον μαθητή σε απλό «συσσωρευτή» γνώσεων. Έτσι μπορούμε ν' αποκαλέσουμε την εκπαίδευση. Η αληθινή παιδεία όμως περικλείει την εκπαίδευση γιατί είναι ευρύτερη και γιατί επεκτείνεται σε πεδία υψηλά, ανθρωπιστικά, πνευματικά.

Ένας άνθρωπος με αληθινή παιδεία δε θα σκεπαστεί ποτέ από την ομίχλη της υποτέλειας. Δεν θα επιλέξει ποτέ ανίκανους κυβερνήτες, ούτε θα τους επιτρέψει να βλάψουν τη δική του ή κάποιου άλλου την πατρίδα.

Το σχολείο, του σήμερα, συνδέοντας τη μόρφωση με τη γνώση και τη γνώση με την παραγωγική διαδικασία, μετατρέπεται σε απλό εκκολαπτήριο των αυριανών τεχνοκρατών, των τεχνικών και των εθισμένων καταναλωτών.

Αλίμονο. Το σχολείο θα πρέπει να είναι γεννήτρια της γνώσης και της κριτικής σκέψης, έτσι ώστε το άτομο να μπορεί να καλλιεργεί και να αναπτύσσει τις πνευματικές και ψυχικές του δυνάμεις, από την ημέρα που γεννιέται ως το τέλος του βίου του.

Στόχος του σχολείου πρέπει να είναι η καλλιέργεια της άμιλλας μεταξύ των νέων, που εμπεριέχει και την έννοια του ήθους και όχι η αντικατάστασή της από τη σκληρή ανταγωνιστικότητα, η οποία δεν έχει ήθος, και μερικές φορές ούτε κανόνες.

Υπάρχει κίνδυνος ώστε αποκλειστικός σκοπός της εκπαίδευσης να γίνει η παραγωγή και αναπαραγωγή ανθρώπων που θα υπηρετούν τις βιομηχανικές, τεχνολογικές και εμπορικές απαιτήσεις της αγοράς. Όμως αυτός ο εξαρτημένος άνθρωπος, ο άνθρωπος - υπηρέτης του λεγόμενου κατεστημένου είναι ξένος προς κάθε έννοια παιδείας και αγωγής.

Κινδυνεύει ο νέος του σήμερα, ο άνθρωπος της παγκοσμιοποίησης και του παγκόσμιου οικονομικού πολέμου να βρεθεί ενταγμένος στην υπηρεσία της καθεστηκυίας τάξης, ενώ η διάθεσή του θα μπορούσε να είναι απολύτως αντίθετη μ' αυτό το ενδεχόμενο.

Ο νέος του σήμερα, στην καθημερινή ζωή του, είναι «φτωχός» και «μίζερος», επηρεασμένος από τα ΜΜΕ και το internet, που συμμετέχουν και αυτά στη γενική προσπάθεια αποπροσανατολισμού, αλλά ταυτόχρονα είναι ένας εξειδικευμένος εργαζόμενος με πολλές γνώσεις πάνω στο αντικείμενο εργασίας του. Εδώ, προφανώς, κάτι λείπει.

Ας επανέλθουμε όμως στο σχολείο, και ας μείνουμε εκεί, μιας και είναι ο χώρος που μας ενδιαφέρει περισσότερο.

Η τυπική μάθηση του παρελθόντος, είναι βέβαιο ότι δημιουργεί άρνηση. Έτσι το σημερινό σχολείο, θα πρέπει να χάσει τον παραδοσιακό του χαρακτήρα, να ανοιχτεί προς την κοινωνία που το περιβάλλει, να ενδιαφερθεί για την εξωσχολική δραστηριότητα των παιδιών του, να αγνοήσει τον κατακερματισμό της γνώσης σε επιμέρους μαθήματα και να δημιουργήσει μια καινούρια σχέση δασκάλου – μαθητή.

Η διδακτική πρόθεση είναι σαφής. Μαθητής και αντικείμενο διδασκαλίας να βρεθούν σε ένα πεδίο διδακτικής τάσης τέτοιο ώστε, από την αρχή, να προκαλεί το ενδιαφέρον και την ευχαρίστηση του μαθητή.

Το παιδί αποκτά γόνιμη γνώση παρατηρώντας και τροποποιώντας την πραγματικότητα. Ανακαλύπτοντάς την δηλαδή. Δεν μπορεί κανείς να «του μάθει γράμματα». Το μόνο που μπορεί να κάνει κανείς, είναι να το βοηθήσει να μάθει μόνο του, καθόσον η μάθηση δεν προσφέρεται αλλά κατακτιέται.

Ο συστηματικός χώρος μάθησης είναι το σχολείο, η σχολική τάξη. Και μάλιστα η τάξη που γεμίζει με το εύκρατο κλίμα της αμοιβαίας ειλικρίνειας ανάμεσα στον δάσκαλο και στον μαθητή.

Είναι η σχολική τάξη όπου ισότιμα δάσκαλος και μαθητής διερευνούν τα «ουσιαστικά ζητήματα», απορροφώνται από την άδολη συνεργασία και προχωρούν με σταθερό βήμα στο πολύχρωμο μονοπάτι της μάθησης μέσα από την ανακάλυψη.

Το σχολείο πρέπει να είναι ένας χώρος που γεννά οράματα για το μέλλον, που δημιουργεί πόλους αντίστασης σε μια επερχόμενη εξαφάνιση κάθε ανθρώπινης σπίθας.

Η σωστή παιδεία, θα πρέπει να έχει κοινωνικό και ανθρωπιστικό περιεχόμενο. Κοινωνικό, με την έννοια ότι θα έχει στενή σύνδεση με την πραγματικότητα και σκοπό να συνηθίσει ο νέος στην ομαδική - κοινωνική ζωή, και ανθρωπιστικό, αφού θα μαθαίνει στον νέο να εργάζεται με άλλους, να αναζητά την ευτυχία του μέσα στην ευτυχία του συνόλου και να κάνει ό,τι μπορεί για τη θεμελίωση μιας καλύτερης κοινωνίας.

Το σχολείο οφείλει να καλλιεργεί έναν άνθρωπο δυναμικό και καθολικό.

Να καλλιεργεί έναν άνθρωπο με ήθος και εμφανείς δημόσιες αρετές. Αυτό σημαίνει να μην αρκείται ο άνθρωπος, σ' αυτό που έχει πετύχει ως τώρα με την ατομική και συλλογική προσπάθεια, αλλά να αγωνίζεται όλο και περισσότερο για την καλυτέρευση των συνθηκών της δικής του ζωής αλλά και της ζωής των άλλων.

Έτσι μόνο καλλιεργείται η ανοχή και ο σεβασμός προς το διαφορετικό. Ο νέος μαθαίνει να μην περιορίζει τον ανθρωπισμό του στα όρια της οικογένειας, του σχολείου ή της πατρίδας, αλλά με την ωρίμανση που του προσφέρει η παιδεία, να τον επεκτείνει σε ολόκληρη την ανθρωπότητα, πιστεύοντας ότι η περιβόητη παγκοσμιοποίηση θα πάρει μια πράγματι ανθρώπινη μορφή, τέτοια που θα σταματήσει τις κυριαρχίες και τους πολέμους.

Το σχολείο σήμερα καλείται να προετοιμάσει το νέο άνθρωπο, να τον εφοδιάσει με τις κατάλληλες γνώσεις, να αναπτύξει τις δεξιότητές του, να καλλιεργήσει τις πνευματικές δυνατότητες και τη φαντασία του, ώστε να είναι σε θέση να οργανώνει, να επιλύει και να εκτελεί τα καθήκοντά του.

Το σχολείο σήμερα καλείται να προετοιμάσει το νέο άνθρωπο να ζει αρμονικά και ταυτισμένα με το υπόλοιπο κοινωνικό σύνολο, δίνοντας ουσιαστικό περιεχόμενο στην προσωπική και κοινωνική του ζωή.

Το σχολείο σήμερα καλείται να προετοιμάσει το νέο άνθρωπο και να τον κάνει να αντιδρά, πάντα, γόνιμα και όχι αόριστα, βίαια, ανερμάτιστα.

Αντιδρά ο νέος άνθρωπος γιατί, ενώ οραματίζεται έναν κόσμο γεμάτο ισότητα και δικαιοσύνη, αντικρίζει έναν κόσμο κοινωνικών ανισοτήτων, διακρίσεων και αναξιοκρατίας.

Αντιδρά γιατί δεν μπορεί να αποδεχτεί ότι έχει μείνει χωρίς όραμα, χωρίς ιδανικά.

Η κυριαρχία της εκπαίδευσης σε βάρος της παιδείας είναι που γέννησε όλα αυτά.

Αν εγκαταλείψουμε την παιδεία και περιοριστούμε αποκλειστικά στην επαγγελματική τεχνολογική εκπαίδευση, τότε σε λίγα χρόνια δε θα έχουμε καινούρια τεχνολογία, διότι η τεχνολογική πρόοδος προϋποθέτει βασική επιστημονική έρευνα που επιδιώκεται χωρίς βραχυπρόθεσμους χρησιμοθηρικούς σκοπούς.

Η παιδεία διανοίγει τους ορίζοντές μας και μας δίνει μια πλατιά και μακροπρόθεσμη προοπτική για τον κόσμο και τη ζωή μας.

Πώς στη σημερινή ανταγωνιστική κοινωνία θα καταφέρουμε να κάνουμε τους νέους ανθρώπους να διατυπώνουν τις απόψεις τους, να είναι ελεύθερες προσωπικότητες, να ερευνούν και να διατυπώνουν τις σκέψεις τους χωρίς φόβο;

Ποια μορφωτικά ιδεώδη θα υπηρετήσουν οι νέες θέσεις πάνω στο θέμα παιδεία και ποια κατεύθυνση αγωγής θα ακολουθήσουν;

Ιδού ο δάσκαλος.

Ιδού και ο καλύτερος δάσκαλος. Είναι αυτός με

τον διευρυμένο ρόλο.
Είναι αυτός που με την προσπάθεια και την παρουσία του μεταγγίζει όλες τις απαραίτητες γνώσεις.
Είναι αυτός που ακτινοβολεί.
Είναι αυτός που μεταλαμπαδεύει τον ενθουσιασμό για παραπέρα μάθηση.
Είναι αυτός που εμβολιάζει τους μαθητές του με κρίση, με πανανθρώπινες αξίες και με το αληθινό νόημα της ζωής.
Είναι αναντικατάστατες οι αρετές από την αγωγή που λαμβάνει το μικρό παιδί στα χέρια αυτού του δασκάλου.
Οι αρετές που λαμβάνει μέσα στον ιερό χώρο της σχολικής αίθουσας είναι το ίδιο ισχυρές με τις αρετές που λαμβάνει στην αγκαλιά της μάνας του, μέσα στο ιερό παιδικό δωμάτιο.
Ιδού όμως ο *αληθινός δάσκαλος*. Είναι αυτός που με όλα τα παραπάνω ξυπνάει στο μαθητή του το σεβασμό και την αγάπη στην «τάξη των πραγμάτων» που καθόρισε ο δημιουργικός, ο δίκαιος, ο φιλειρηνικός συνάνθρωπός του.

3
Η σχέση του δασκάλου με μαθητές και γονείς

α. Η σχέση με τους μαθητές.

Η σχολική τάξη δεν είναι, και δεν πρέπει να είναι ποτέ, ένας στατικός χώρος. Κατακλύζεται από μαθητές, που τους διακρίνει ο δυναμικός χαρακτήρας και η ασίγαστη ζωντάνια, ποτέ πάντως μία λιμνάζουσα κατάσταση.

Η ζωντάνια των παιδιών είναι θετικό και αναπόσπαστο στοιχείο της ηλικίας τους, είναι θετικός παράγων μάθησης και συνεπώς είναι καλοδεχούμενη. Είναι μία εξαιρετική ευκαιρία στα χέρια εκείνου του δασκάλου που έχει τον τρόπο να την αξιοποιήσει δημιουργικά.

Ο άρτια καταρτισμένος δάσκαλος, είναι σε θέση να διακρίνει πότε η ζωντάνια τείνει να εκτραπεί σε βλαπτική συμπεριφορά και, βαθμιαία, την αντιστρέφει μετασχηματίζοντάς την σε παράγοντα δημιουργίας. Δεν την κόβει. Δεν την μαραίνει. Γνωρίζει ότι το υπόβαθρό της άπτεται της παιδικής ιδιοσυγκρασίας, που πρέπει να εκτονωθεί όχι με κρότο καταστροφικό, αλλά με οίστρο δημιουργικό. Γνωρίζει ότι η παιδική ζωντάνια είναι παραφυάδα του ενθουσιασμού και ότι ο ενθουσιασμός είναι ισχυρότατο κίνητρο μάθησης.

Η καθημερινή συνάντηση και συνύπαρξη εκείνου που μαθαίνει με εκείνον που τον διδάσκει δημιουργεί δεσμό, που μπορεί να είναι θετικός, αρνητικός ή ουδέτερος.

Το χρυσό ζητούμενο είναι η δημιουργία θετικού δεσμού μεταξύ δασκάλου – μαθητή αλλά και μεταξύ των μαθητών. Για να συμβεί αυτό βασική προϋπόθεση είναι να εμπιστευτεί ο μαθητής τον δάσκαλο και αντίστροφα.

Ο μαθητής, γνωρίζει, από ένστικτο, ότι δεν μπορεί να κυριαρχήσει στον δάσκαλό του και λόγω θέσης και λόγω ηλικίας. Συνεπώς είναι ο πρώτος που θα ρίξει το σχοινί. Ο καλός δάσκαλος, στη συνέχεια, θα ενισχύσει τη γέφυρα με κάθε μαθητή ξεχωριστά καθώς είναι αμφίδρομος ο τρόπος της ανταλλαγής της γνώσης και των συναισθημάτων.

Όμως, ο καλύτερος δάσκαλος θα συνενώσει όλες τις μεμονωμένες γέφυρες σε μία πλατιά λεωφόρο επικοινωνίας, τόσο μεταξύ αυτού και των μαθητών, όσο και μεταξύ των μαθητών.

Πώς θα το κάνει; Θα χωρίσει τους μαθητές του σε ομάδες εργασίας. Οι ομάδες θα εργάζονται, θα παράγουν και θα αυτοαξιολογούν το, κάθε φορά, παραγόμενο έργο τους. Εάν παρατηρηθεί, κατ' επανάληψη, διαφορά στην απόδοση των ομάδων θα πρέπει να αναρωτηθεί ό δάσκαλος τι δεν έγινε σωστά.

Είναι δεδομένο ότι για να πετύχει η ομαδοποίηση πρέπει να ξεκινήσει από την ομάδα παιχνιδιού, η οποία θα εξελιχθεί σε ομάδα δημιουργίας, στη συνέχεια σε ομάδα εργασίας και τέλος σε ομάδα έρευνας.

Η αντικειμενική εκτίμηση της επίδοσης της κάθε ομάδας να χρησιμοποιείται ως μέσον βελτίωσης της προόδου της ομάδας και όλης της τάξης που είναι η μητέρα ομάδα.

Οι γέφυρες μεταξύ των μελών της κάθε ομάδας, οι γέφυρες μεταξύ όλων των ομάδων, το «ένας για όλους και όλοι για έναν» είναι το παγκόσμιο λεξικό επικοινωνίας μεταξύ των μαθητών και μεταξύ των μαθητών και του δασκάλου. Οι γέφυρες ενδυναμώνουν τις σχέσεις στα μέλη της μικρής κοινότητας, που είναι η σχολική τάξη. Οι ψυχές των μαθητών και του δασκάλου γίνονται συγκοινωνούντα δοχεία. Η ικανοποίηση που είναι κοινή, είναι το καύσιμο της δημιουργικότητας.

Πάνω σε αυτό το έδαφος, θα ήταν πολύ δύσκολο να βρει κάποιος έργο περισσότερο ανθρώπινο, περισσότερο ενδιαφέρον, περισσότερο εποικοδομητικό και δημιουργικό, περισσότερο βαθύ και πολυδιάστατο, από το έργο του δασκάλου.

Ο άρτια καταρτισμένος παιδαγωγός, ο αληθινός δάσκαλος, γνωρίζει, ότι πίσω από τις διάφορες εκδηλώσεις της ανθρώπινης συμπεριφοράς υπάρχουν εσωτερικά κίνητρα, που ωθούν προς αντίστοιχες ενέργειες και οδηγούν το άτομο προς την επίτευξη ορισμένων σκοπών, τους οποίους έχει θέσει. Με τη γνώση αυτή μπορεί πια να κατανοήσει τις ποικίλες εκδηλώσεις των μαθητών του και να αναζητήσει τα αίτια, ώστε να συμβάλει με ουσιαστικό τρόπο στον μετριασμό των εκδηλώσεων αυτών, εφόσον παρουσιάζουν χαρακτήρα επιβλαβή για το συγκεκριμένο άτομο, για τα μέλη της μαθητικής ομάδας αλλά και της τάξης που ανήκει.

Ο δάσκαλος γνωρίζει, ότι το κίνητρο ενός μαθητή σε μια αντικοινωνική συμπεριφορά, π.χ. εναντίον ενός συμμαθητή του, πηγάζει από την ανάγκη του να τραβήξει το ενδιαφέρον του δασκάλου του. Πηγάζει από την επιθυμία του να κάνει το δάσκαλο να ασχοληθεί με το άτομό του, έστω και αρνητικά αφού, ως μαθητής, δεν κατάφερε να πετύχει υψηλή σχολική επίδοση και επομένως στη συνείδηση του δασκάλου κατέχει χαμηλή θέση.

Ο αληθινός δάσκαλος γνωρίζει ότι η αύξηση της ταυτότητας ενός τέτοιου μαθητή και η απόκτηση αυτοσεβασμού, θα γίνει μέσα από την ομότιμη συνεργασία στην ομάδα εργασίας των μαθητών.

Περισσότερο παραγωγική μορφή σχέσης μεταξύ παιδαγωγού και παιδαγωγούμενου είναι εκείνη, που χαρακτηρίζεται από δημοκρατικό πνεύμα και φιλική διάθεση και θέρμη. Και φυσικά, όχι η παλαιά αυταρχικότητα, αυτή της αυθεντίας του δασκάλου.

Ο δάσκαλος μετατρέπει τη σχολική αίθουσα σε ένα είδος σκηνής θεάτρου. Ο ίδιος μεταμορφώνεται σε σκηνοθέτη, που έχει την ευθύνη αφενός να ετοιμάσει μια τέλεια και εντυπωσιακή παράσταση και αφετέρου να διδάξει με κάθε λεπτομέρεια τους ρόλους που θα επωμιστούν οι μαθητές.

Ο αληθινός δάσκαλος καταφέρνει ώστε οι μαθητές, όχι μόνο να μάθουν τους ρόλους, αλλά να τους βιώσουν, να τους ζήσουν. Έτσι απορροφά την προσοχή των μαθητών του, χωρίς τη γνωστή καταπίεση.

Ο αληθινός δάσκαλος συλλαμβάνει ευφάνταστους τρόπους προσέγγισης κατά τη διάρκεια της διδασκαλίας του, με τους οποίους να μπορεί την κάθε φορά να αποδίδει τη βαθύτερη ουσία των μαθημάτων. Επίσης, διαθέτει την ξεχωριστή ικανότητα να ανάγει βαθύτερες ιδέες σε απλούστερους κατανοητούς όρους, έτσι ώστε το μάθημα να κεντρίζει το ενδιαφέρον όλων των μαθητών του. Καταφέρνει να γίνει η διδασκαλία για όλους, δάσκαλο και μαθητές, μια πραγματική εμπειρία ζωής.

Η σχολική τάξη αποτελεί μια ιδιόρρυθμη κοινωνική ομάδα. Είναι πράγματι αξιοθαύμαστο, παιδιά που πιθανόν να μην είχαν καμιά επαφή μεταξύ τους πριν την έναρξη της σχολικής τους ζωής, μέσα στον χώρο της σχολικής τάξης έρχονται σε αμοιβαία επαφή και γνωριμία. Συνδέονται, συνεργάζονται ή και συγκρούονται κάποτε, έλκονται ή απωθούνται, ικανοποιούν από κοινού εσωτερικές τους ανάγκες, ψυχολογικές και κοινωνικές με το κοινό τους παιχνίδι, τις ομαδικές δραστηριότητες, τον κοινό διάλογο και την καθημερινή συνύπαρξη.

Ένα πολύπλοκο πλέγμα, ενδοπροσωπικών και διαπροσωπικών σχέσεων, χαρακτηρίζει τη σχολική τάξη. Και μέσα σε αυτό το πολυσύνθετο πλαίσιο, πάνω στον ιδιόμορφο χαρακτήρα της παιδικής ηλικίας, δεσπόζει μια κυρίαρχη μορφή. Η μορφή του δασκάλου, που λαμβάνει, στη συνείδηση του παιδιού, τεράστιες διαστάσεις. Μεγάλο κομμάτι της ζωής του εξαρτάται από το τι εκπέμπει ο δάσκαλός του.

Ο καλός δάσκαλος εκπέμπει αυτοπεποίθηση, εμπειρία, δικαιοσύνη.

Ο αληθινός δάσκαλος εκπέμπει όλα αυτά και επί πλέον αγάπη, πολύ αγάπη.

Το οξυγόνο της παιδικής ψυχής είναι η αγάπη. Ο δάσκαλος που πραγματικά αγαπά, στα μάτια των παιδιών, περιβάλλεται από λαμπρό φωτοστέφανο.

Η αγάπη είναι το προζύμι της ανοχής, της εμπιστοσύνης, της μάθησης και της αποδοχής των υψηλών ιδανικών της παιδείας.

Επί πλέον η αγάπη παρηγορεί και ανακουφίζει τον μαθητή που έρχεται στο σχολείο με βαριά καρδιά και σκυμμένο κεφάλι.

Η αγάπη τρέφει τη χαρά της συνεργασίας και διαλύει την εξοντωτική ατμόσφαιρα του δεινού ανταγωνισμού.

Η αγάπη τα κάνει όλα.

Ο δάσκαλος ρυθμίζει τη ζωή μέσα στην τάξη ώστε να επιτυγχάνεται η αναγκαία κοινωνικοποίηση των μελών της και η δημιουργία καλών έξεων.

Ο αληθινός δάσκαλος αναγνωρίζει και εντοπίζει εγκαίρως τους μαθητές που έχουν προβλήματα είτε μαθησιακά, είτε άλλα, και τους βοηθά κατάλληλα. Είναι γνώστης των ατομικών τους διαφορών και προσπαθεί να τις εξομαλύνει.

Μία αυταρχική προσωπικότητα δασκάλου, παρά τις διδακτικές δεξιότητες που, ενδεχομένως, διαθέτει δε μπορεί να ασκήσει γόνιμη και ευεργετική επίδραση στους μαθητές, ούτε καν αποκλειστικά στον τομέα της εκμάθησης βασικών γνώσεων, λόγω των αρνητικών αντιδράσεων που εγείρει στις ψυχές τους.

Ο καλός δάσκαλος πρέπει να κατέχει το αληθές μέτρο μιας επαρκούς γνώσης της προσωπικότητας του κάθε μαθητή του ξεχωριστά. Με βάση το μέτρο αυτό βελτιώνει τη σχέση του με τον μαθητή.

Ο δάσκαλος του σήμερα, θα πρέπει να ξεπεράσει τα ψυχρά όρια του επαγγελματισμού, και να οραματίζεται μια παιδεία βασισμένη στον άνθρωπο και μια εκπαίδευση για ανθρώπους. Η σύγχρονη βιβλιογραφία άλλωστε, προσανατολίζεται στον κριτικό «στοχαζόμενο», ερευνητή και καινοτόμο δάσκαλο, ο οποίος είναι σε θέση να αντιλαμβάνεται, καταρχήν, τις ανάγκες του μαθητή, να λαμβάνει ταυτόχρονα τα μηνύματα των καιρών και περνώντας τα μέσα από τη διαπροσωπική σχέση με τους μαθητές του να τους καθιστά κοινωνούς πανανθρώπινων ιδεών και αξιών.

Ο αληθινός δάσκαλος περνάει τη σχέση του με τους μαθητές μέσα από το ακόλουθο φίλτρο:

«Παιδεία δεν είναι να γεμίζεις τον μαθητή με γνώσεις από έξω προς τα μέσα. Παιδεία είναι να βγάζεις από μέσα προς τα έξω, τις ψηλότερες, ευγενέστερες και καλύτερες ιδιότητες που βρίσκονται έμφυτες σε κάθε μαθητή».

β. Η σχέση με τους γονείς.

Το σχολείο, όπως λειτουργεί στην πράξη, είναι μία από τις σημαντικές αιτίες που χάνει το παιδί τη δύναμη με τη οποία γεννιέται.

Θα μπορούσε να ισχυριστεί κάποιος ότι αυτός είναι ο κυρίαρχος ρόλος του σχολείου. Να αφαιρεί δηλαδή όλα τα συστατικά της παιδικότητας, που είναι η ζωντάνια, ο αυθορμητισμός, η ανεξαρτησία και η δυνατότητα επιλογής με κριτήρια προσωπικά.

Οι αληθινά δημιουργικοί άνθρωποι, οι πρωτοπόροι επιστήμονες, οι καλλιτέχνες, ακόμη και οι επιχειρηματίες κατάφεραν ό,τι κατάφεραν γιατί διατήρησαν εφ' όρου ζωής μια παιγνιώδη διάθεση που είναι η μαγιά του ενθουσιασμού, της περιέργειας, της αναζήτησης, της ανεξαρτησίας και της δημιουργικότητας.

Οι γονείς, μετά το σχολείο, είναι η επόμενη σημαντική αιτία απώλειας της παιδικότητας και της δημιουργικότητας. Μοιάζει οξύμωρο αλλά είναι πέρα για πέρα αληθινό. Οι περισσότεροι γονείς βλάπτουν τα παιδιά τους!

Επιμένουν να περάσουν στα παιδιά τους όσα εκείνοι έμαθαν στο σχολείο τους πριν από τριάντα και πλέον χρόνια. Αξιώνουν, με ξεπερασμένες γνώσεις, να κάνουν τα παιδιά τους ξεχωριστά, δημιουργικά ικανά για τις απαιτήσεις της ζωής που τα περιμένει. Περικυκλώνουν τα παιδιά τους με πιεστικά δεσμά προσδοκιών. Και βέβαια τα παιδιά αυτά δεν έχουν καμία προοπτική σωτηρίας. Φεύγουν από το σχολείο, από ένα σύστημα που είναι κυρίαρχο και επιστρέφουν στο σπίτι, σε ένα σύστημα εξ ίσου, αν όχι περισσότερο, κυρίαρχο. Προσπαθούν να βρουν το δρόμο τους φορώντας τη σκοτεινή κουκούλα που το δίπολο σχολείο – οικογένεια τα φόρεσε.

Το χρυσό ζητούμενο είναι μικροί και μεγάλοι, όλοι, μαθητές γονείς και δάσκαλοι να μαθαίνουν ο ένας από τον άλλο. Πάνω σε αυτό το έδαφος συνεργασίας, όταν όλοι γίνουν συγκοινωνούντα δοχεία τα παιδιά θα γίνουν, επί τέλους, ανεξάρτητα.

Αναφύεται, συνεπώς, το ζήτημα επικοινωνίας και συνεργασίας σχολείου και γονέων. Η επίσκεψη των γονέων στο σχολείο με την ευκαιρία μιας σχολικής γιορτής ή άλλης εκδήλωσης δεν είναι αρκετή. Ούτε είναι αρκετή η επίσκεψη για ενημέρωση σχετικά με την πρόοδο ή τις αταξίες του παιδιού. Η παρουσία των γονέων και η συμμετοχή τους στα σχολικά δρώμενα πρέπει να είναι ενταγμένη στη συνολική σχολική κουλτούρα.

Η ένταξη των γονέων στη σχολική κοινότητα δεν προϋποθέτει μία σειρά από υποχρεώσεις για τους ίδιους. Η συμμετοχή τους είναι επικουρική και εθελοντική. Η παρουσία τους στο σχολείο γεννά θετικά συναισθήματα για τους ίδιους αλλά κυρίως για τους μαθητές και είναι ωφέλιμη σε όλους.

Οι έμπειροι δάσκαλοι διαπιστώνουν καθημερινά τον σημαντικό ρόλο που παίζει για τον μαθητή η παρουσία μεγαλύτερου αδερφού στο σχολείο. Ακόμη πιο μεγάλο ρόλο παίζει η, σποραδική, παρουσία των γονέων.

Τα θετικά συναισθήματα παίζουν κυρίαρχο ρόλο στη διαδικασία της μάθησης. Είναι αυτά που δίνουν πνοή στην παιδική δημιουργικότητα. Είναι ο ούριος άνεμος που φουσκώνει τα πανιά της παιδικής ψυχής. Τι καλύτερο λοιπόν από το να έχουν ρόλο στη σχολική ζωή, η μητέρα, ο πατέρας ακόμη και οι παππούδες, δηλαδή τα πιο αγαπημένα πρόσωπα των παιδιών;

Να κάνουν το σχολείο, με την παρουσία τους και τον εθελοντισμό τους, φυσική προέκταση του οικογενειακού περιβάλλοντος;

Να κάνουν το σχολείο πραγματικό χώρο μάθησης και την οικογένεια χώρο ανατροφής των παιδιών και όχι αμφισβήτησης ή υποκατάστασης της σχολικής πρακτικής;

Να κάνουν το σχολείο ανοιχτό στην κοινωνία και όχι περιχαρακωμένο και κλειστοφοβικό;

Η εποικοδομητική παρουσία των γονέων και η συνεισφορά τους αλλάζει τον σκοπό και τον χαρακτήρα της μάθησης από εκπαιδευτικό σε παιδαγωγικό. Εισάγει στο σχολείο στοιχεία κοινωνικά, ύψιστης παιδαγωγικής αξίας, που ενυδατώνουν τον αφυδατωμένο εκπαιδευτικό του ρόλο.

Ένα απρόσμενο όφελος της συμμετοχής των γονέων είναι η ανάπτυξη κοινωνικών σχέσεων μεταξύ τους, που στη συνέχεια επεκτείνονται και συσφίγγονται και εκτός σχολείου. Η σχέσεις των γονέων ενισχύουν ακόμη περισσότερο τις σχέσεις μεταξύ των μαθητών. Συναισθηματικά και κοινωνικά τους φέρνουν πιο κοντά. Τους καθιστούν μέλη μιας μεγάλης οικογένειας.

Όταν οι γονείς γίνονται φίλοι τα παιδιά γίνονται καλύτεροι φίλοι. Η ενδοσχολική βία, αυτό το κακόηθες σύμπτωμα της κοινωνικής δυσλειτουργίας και της κοινωνικής παρακμής, χάνει το έδαφος που αναπτύσσεται. Περιορίζεται σημαντικά.

Δεν υπάρχει προσχεδιασμένη οδός για την εισαγωγή των γονέων στη σχολική πρακτική. Ενδεικτικά θα αναφερθούν μερικά βοηθητικά βήματα που είναι απαραίτητα για γίνει η αρχή.

1. Ημέρα ενημέρωσης. Προτείνεται να πραγματοποιείται κατά την πρώτη εβδομάδα κάθε σχολικής χρονιάς. Σκοπός είναι να ενημερωθούν οι γονείς για τους στόχους της σχολικής χρονιάς και τους κανόνες λειτουργίας της σχολικής μονάδας. Να γίνουν κοινωνοί της εσωτερικής κουλτούρας της σχολικής μονάδας.
2. «Κάνω μάθημα με το παιδί μου». Τη ημέρα αυτή δίνεται η ευκαιρία στους γονείς να

συμμετάσχουν ενεργητικά στα δρώμενα μίας ημερήσιας διδασκαλίας με αποτέλεσμα να απαντηθούν πολλά ερωτήματά τους. Μόνο αν οι γονείς καταλάβουν τα στάδια που ακολουθούνται στη διαδικασία της επικοινωνιακής, βιωματικής μάθησης δε θα πιέσουν τα παιδιά τους στο σπίτι με αναχρονιστικές μεθόδους μελέτης. Οι γονείς θα γίνουν μαθητές για λίγες ώρες, μαθητές όμως μιας νέας εποχής.

3. Συναντήσεις – σεμινάρια γονέων. Πολλές φορές οι δάσκαλοι νομίζουν ότι οι γονείς γνωρίζουν πώς να βοηθήσουν τα παιδιά τους. Αντιθέτως, οι γονείς αγνοούν και, πολλές φορές, επιζητούν τη βοήθεια του σχολείου στην επίλυση καθημερινών αποριών τους. Ο δάσκαλος μπορεί στα πλαίσια αυτών των συναντήσεων να βοηθήσει παιδιά και γονείς, αναπτύσσοντας θέματα που έχει ανιχνεύσει ότι τους απασχολούν, όπως η ασφαλής χρήση Η/Υ, «τα πρέπει και τα μπορείς» της μελέτης στο σπίτι, η συνεργασία σχολείου οικογένειας κλπ.

4. Σε επίπεδο σχολικής μονάδας μπορεί να λειτουργήσει Σχολή Γονέων, όπου θα διοργανώνονται συναντήσεις με εξωτερικούς επιστημονικούς συνεργάτες, αλλά και άλλους εκπαιδευτικούς της σχολικής μονάδας. Η Σχολή Γονέων αξιοποιεί επίσης επιστήμονες που είναι γονείς μαθητών του σχολείου. Η προσφορά είναι εθελοντική.

5. Λειτουργία ιστοτόπου σχολικής μονάδας. Χρήση εργαλείων των νέων τεχνολογιών για εξ' αποστάσεως σύνδεση σχολείου, τάξης, μαθητών, γονέων.
6. Απογευματινά εργαστήρια με ποικίλη θεματολογία. Συμμετέχουν, σύμφωνα με τα ενδιαφέροντά τους γονείς και μαθητές.
7. Ημέρα γονέων. Την ημέρα αυτή γονείς και παιδιά μπορούν να προσφέρουν την εθελοντική τους εργασία για το βάψιμο, το καθάρισμα και τη βελτίωση των εσωτερικών και εξωτερικών χώρων του σχολείου.
8. «Μαθαίνω για την χώρα σου». Ημέρα αφιερωμένη στην παρουσίαση της πολιτιστικής κουλτούρας των χωρών καταγωγής μαθητών του σχολείου. Γίνεται παρουσίαση του project που υλοποίησαν δάσκαλοι, γονείς και παιδιά.
9. Ο παππούς και η γιαγιά στο σχολείο μας. Η ημέρα που οι γέροντες μπορούν να μιλήσουν, να αφηγηθούν, να παίξουν με τη νέα γενιά και να μεταφέρουν την εμπειρία της ζωής τους.

4
Η σχέση με τους συναδέλφους

Η ψυχή του σχολικού οργανισμού είναι ο Διευθυντής της σχολικής μονάδας. Η απόδοση και η επιτυχία του σχολείου δεν αποδίδεται εξ ολοκλήρου στον Διευθυντή, οφείλεται όμως, εν πολλοίς, σε αυτόν. Ο Διευθυντής είναι εκείνος που δέχεται τις πιέσεις και τους κραδασμούς από διεργασίες είτε ενδοσχολικές, είτε εξωτερικές. Είναι αυτός που ενώνει τη σχολική κοινότητα με την εξωσχολική. Το υλικό κατασκευής του Διευθυντή είναι ανθεκτικό, απορροφητικό και ευλύγιστο και σε καμία περίπτωση άκαμπτο και σκληρό.

Σήμερα που το κοινωνικό και εργασιακό πεδίο είναι, όσο ποτέ άλλοτε, σκληρό και αδυσώπητο, ο χαρισματικός σχολικός Διευθυντής παραμένει πατρικός και συνεργατικός. Ενθαρρύνει την άμιλλα, που εμπεριέχει ανθρωπιστικά στοιχεία, και αποθαρρύνει τον ανταγωνισμό, που είναι σκληρός, απάνθρωπος και, όχι σπάνια, γεννά αντιζηλίες και αρνητικά συναισθήματα. Γνωρίζει ότι τα βασικά δομικά στοιχεία της παιδείας, την οποία υπηρετεί, είναι ευγενή. Επί των στοιχείων αυτών είναι ό άρχων και ο διαχειριστής του σχολείου.

Ο σχολικός Διευθυντής είναι ο εμψυχωτής των δασκάλων, ο συντονιστής, ο μαέστρος. Προΐσταται μεταξύ ίσων. Δεν έχει ευνοούμενους, διότι επιδιώκει να είναι η κεντρομόλος δύναμη του σχολείου και όχι η φυγόκεντρος. Είναι και αυτός δάσκαλος.

Είναι κρίμα να πιστεύεται ότι τα καθήκοντα του Διευθυντή της σχολικής μονάδας περιορίζονται στη διαχείριση της υπηρεσιακής αλληλογραφίας και των διαφόρων εγγράφων. Να νομίζεται ότι είναι εκεί για να σφραγίζει και να υπογράφει χαρτιά.

Είναι πλάνη να νομίζεται ότι ο Διευθυντής δεν έχει παιδαγωγική αποστολή. Και είναι θλιβερό να πιστεύει κάτι τέτοιο και ό ίδιος. Διότι, στην πραγματικότητα, ο εργοδότης του δεν είναι αυτός που τον αμείβει οικονομικά. Εργοδότες του είναι οι μαθητές του, τα αθώα παιδιά. Για αυτά υπάρχει στη σχολική μονάδα. Για αυτά μοχθεί, ονειροπολεί και ονειρεύεται. Από αυτά αμείβεται, με το πολυτιμότερο νόμισμα, το αληθές χρυσίον, που είναι η ευγνωμοσύνη των παιδιών του και η υστεροφημία του.

Ο διευθυντής ασκεί χρηστή διαχείριση των διαθέσιμων πόρων. Όχι των οικονομικών, αυτό είναι αυτονόητο. Ασκεί χρηστή διαχείριση των έμψυχων πόρων, που είναι οι υπόλοιποι δάσκαλοι και η προέκταση των δασκάλων, που είναι οι μαθητές. Οι τελευταίοι είναι η έμμονη ιδέα του διευθυντή.

Ο Διευθυντής είναι δάσκαλος με πολύχρονη διδακτική εμπειρία, επιτυχημένη και αναγνωρισμένη. Αν δεν είναι τέτοιος είναι, απλά, ένας φυτεμένος εγκάθετος γεμάτος συμπλέγματα και αδυναμίες. Και τότε είναι επιζήμιος. Δεν έχει να προσφέρει, εκτός από την αυτογελιοποίηση, τίποτε και σε κανέναν.

Δεν μπορεί να καταθέτει, την κάθε στιγμή, ταυτότητα δικαίου, αγαθή ψυχή, παιδεία και σεβασμό στον επιστήμονα και άνθρωπο δάσκαλο. Περνάει όλη του τη συμπεριφορά από το προσωπικό-πολιτικό-κομματικό σουρωτήρι. Τον ενδιαφέρουν οι ευεργέτες του και όχι το σχολείο. Στο σχολείο μοιράζει εύνοιες προς τους ομοϊδεάτες του.

Δύστυχο σχολείο...

Ο άξιος Διευθυντής, για τον οποίο μιλάμε εδώ, είναι εξ ορισμού ένας δημοκρατικός ηγέτης. Η έννοια της ηγεσίας έχει μεγάλη σημασία για την αποτελεσματική διεύθυνση μιας σχολικής μονάδας.

Ως δημοκρατικός ηγέτης δεν διατάζει. Ούτε θυροκολλάει. Ούτε παρακαλάει.

Ως δημοκρατικός ηγέτης πείθει και με την πειθώ κατευθύνει.

Δημιουργεί οράματα και θέτει στόχους.

Μεταμορφώνει τη συνηθισμένη ζωή του σχολείου σε ζωή με δημιουργική πνοή. Εν οραματίζεται και χτίζει το προφίλ του σχολείου του που θέλει να ξεχωρίζει από μακριά.

Ο Διευθυντής του σχολείου εμπνέει σιγουριά και ασφάλεια στο εκπαιδευτικό προσωπικό. Κατευθύνει χωρίς να θέτει περιορισμούς. Στηρίζει και ενθαρρύνει τις πρωτοβουλίες των δασκάλων του. Τις εμπνευσμένες ιδέες τις κάνει φανοστάτες για να τις βλέπουν και οι άλλοι. Συγχαίρει και ευχαριστεί το δάσκαλο. Του χτυπάει την πλάτη φιλικά, συναδελφικά, στοργικά. Και ξέρει καλά ότι ο δάσκαλός του το καλοδέχεται.

Η διαχείριση ανθρώπων δεν περιορίζεται σε διευθέτηση των καθημερινών προβλημάτων ρουτίνας. Διαχείριση ανθρώπων είναι η άριστη αξιοποίηση των προσωπικοτήτων τους με συνεπαγόμενο όφελος την αύξηση της παραγωγικότητας και τη βελτίωση της ποιότητας. Είναι η δημιουργία του τελικού αποτελέσματος, που είναι η καλλιέργεια των παιδικών ψυχών, ο γνωστικός τους εξοπλισμός και ο διαποτισμός τους με πανανθρώπινες αξίες. Είναι η ωρίμανσή τους σε έναν γλυκό και μοναδικό καρπό. Τον καρπό της ψυχικής και πνευματικής καλλιέργειας.

Με τη συμπεριφορά και τον χαρακτήρα του, ο χαρισματικός Διευθυντής δημιουργεί το υπόστρωμα, το γόνιμο έδαφος, όπου θα αναπτυχθεί ένας αντίστοιχα παραγωγικός και αποδοτικός σύλλογος διδασκόντων. Οι δάσκαλοι επιζητούν τη ζεστή ανθρώπινη σχέση. Ο Διευθυντής δίνει ένα ευρύτερο νόημα στην καθημερινή τους ζωή. Επιζητά την απόλυτη ψυχική επικοινωνία μεταξύ τους. Διαισθάνεται, από ένστικτο, ότι η επικοινωνία αυτή θα μεταφερθεί και στη σχολική τάξη, όπου θα γίνει αγωγός και γέφυρα επικοινωνίας με τους μαθητές.

Η δημιουργία του οράματος της σχολικής μονάδας έχει ήδη θεμελιωθεί. Και είναι το αποτέλεσμα της αμφίδρομης σχέσης μεταξύ όλων: διευθυντή, δασκάλων, μαθητών.

Είναι δεδομένο ότι η σχολική μονάδα πρέπει να φροντίσει για την εφαρμογή της εθνικής εκπαιδευτικής πολιτικής. Ότι πρέπει να ακολουθήσει το αναλυτικό πρόγραμμα της πολιτείας. Παράλληλα όμως μπορεί να διαμορφώσει και την εσωτερική εκπαιδευτική πολιτική. Δηλαδή μέσα στα πλαίσια των θεσμοθετημένων στόχων, να εντάξει τους δικούς της εσωτερικούς στόχους. Οι εσωτερικοί στόχοι θα τεθούν μέσα από τον προγραμματισμό και θα εκπληρωθούν μέσα από τη συνεργασία όλων των δασκάλων του σχολείου.

Ο προγραμματισμός πρέπει να περιλαμβάνει διδακτικά και εκπαιδευτικά θέματα που συμβάλλουν στην πολιτιστική αρτίωση των μαθητών, στον κοινωνικό προσανατολισμό, στην ψυχική εκλέπτυνση και στον ενστερνισμό των βασικών πανανθρώπινων αξιών.

Προγραμματίζει λοιπόν ο σύλλογος διδασκόντων, από την αρχή της σχολικής χρονιάς, τις επισκέψεις στα μουσεία, στα μνημεία, στις επιχειρήσεις, οπουδήποτε. Προγραμματίζει τις συνεργασίες με άλλα σχολεία, με φορείς, με κοινωνικά ιδρύματα. Καταστρώνει τα σχέδια προετοιμασίας των μαθητών, ώστε οι επισκέψεις αυτές να αποδώσουν τα μέγιστα και να έχουν χαρακτήρα καθαρά παιδαγωγικό και ηθικοπλαστικό και όχι ψυχαγωγικό και εκδρομικό.

Ο σύλλογος καθορίζει ακόμη και τα άτομα που θα συμμετέχουν σε κάθε στάδιο του προγραμματισμού. Εξασφαλίζει τις δεσμεύσεις και τις υποχρεώσεις ότι ο προγραμματισμός θα τηρηθεί και ότι θα αποδώσει τα προσδοκώμενα οφέλη και ακόμη περισσότερα.

Οι εκπαιδευτικές δραστηριότητες που προγραμματίζονται, η εφαρμογή τους και η αξιολόγησή τους, ενισχύουν και αναβαθμίζουν την ποιότητα τόσο του μαθητή, όσο και του δάσκαλυ. Επιβεβαιώνουν και επαληθεύουν την πολύτιμη χρησιμότητα του συλλόγου διδασκόντων και την ανάδειξή του σε βασικό μηχανισμό στην εύρυθμη και παραγωγική λειτουργία του σχολείου.

Ο χώρος όπου συγκεντρώνονται οι εκπαιδευτικοί της σχολικής μονάδας, την ώρα του διαλείμματος, είναι, βασικά, ο χώρος της καφετιέρας, του καφέ. Είναι ο χώρος όπου ακούγεται ένα καινούριο ανέκδοτο, όπου σχολιάζεται μία ενδιαφέρουσα είδηση. Είναι ο χώρος όπου προσωπικά και οικογενειακά θέματα δημοσιοποιούνται και μοιράζονται. Είναι ο χώρος έκφρασης της συναδελφικής, ανθρώπινης, αλληλεγγύης και της συμπόρευσης. Είναι το σπίτι της μεγάλης οικογένειας των συναδέλφων. Είναι όμως και κάτι άλλο. Είναι το επιχειρησιακό στρατηγείο του σχολείου.

Ο χώρος που οι εκπαιδευτικοί συγκεντρώνονται θυμίζει εργαστήριο περισσότερο, παρά έναν τυπικό χώρο μιας υπηρεσίας.

Υπάρχει χώρος αρχειοθέτησης των εκπαιδευτικών φακέλων, όλων των δασκάλων, που περιλαμβάνουν προγράμματα και υλικό προηγούμενων δραστηριοτήτων.

Υπάρχουν φυσικά ηλεκτρονικοί υπολογιστές και όλα τους τα περιφερειακά.

Μια πλούσια βιβλιοθήκη συμπληρώνει τα κενά των ατομικών βιβλιοθηκών που διαθέτουν οι εκπαιδευτικοί.

Απαραίτητη είναι η ύπαρξη πίνακα. Για να μαθαίνει ο δάσκαλος. Να μαθαίνει από τον συνάδελφό του. Για να γράφει ο καθένας μια ιδέα που του ήρθε ξαφνικά. Για να σχεδιάζεται κάθε προγραμματισμός και κάθε δράση.

Στο χώρο αυτό, στη αρχή της σχολικής χρονιάς, εκπονείται το ετήσιο σχέδιο δράσης του σχολείου. Εδώ γίνονται οι τακτικές, ανά μήνα, συνεδριάσεις των δασκάλων, όπου ο κάθε ένας ενημερώνει τους άλλους για την πρόοδο στην τάξη του. Εδώ ανταλλάσσονται απόψεις, γνώσεις και βιώματα και συζητείται κάθε τυχόν αναγκαία τροποποίηση του προγράμματος.

Ο χώρος των δασκάλων καθίσταται χώρος ανατροφοδότησης, συνεχούς επιμόρφωσης και αυτοεξέλιξης. Οι δάσκαλοι της δράσης συμμετέχουν στη διαδικασία του σχεδιασμού, της πραγμάτωσης και της αξιολόγησης κάθε εκπαιδευτικής δραστηριότητας.

Εδώ λειτουργούν όχι ως άτομα, αλλά ως ομάδα με κοινό σκοπό. Άλλωστε οι ίδιοι οι δάσκαλοι είναι αυτοί που θα καλέσουν τους μαθητές τους να εργαστούν σε ομάδες που είναι τμήματα της μεγάλης ομάδας της σχολικής τάξης. Οι δάσκαλοι και οι τάξεις τους είναι αυτοί που θα συνεργαστούν σε επίπεδο σχολείου, και με τη συνεργασία αυτή θα δομήσουν το προφίλ κι την κουλτούρα του σχολείου τους.

Αν το διδακτικό προσωπικό του σχολείου καταφέρει να γίνει μία λειτουργική και παραγωγική ομάδα, τότε είναι σίγουρο ότι το εύκρατο κλίμα της κοινής δημιουργικής προσπάθειας θα διαπεράσει τους τέσσερις τοίχους του γραφείου και θα κατακλύσει ολόκληρο το σχολείο.

Το θετικό ψυχολογικό και κοινωνικό κλίμα του συλλόγου διδασκόντων θα διαπεράσει όλους τους τοίχους και θα τρυπώσει στις ψυχές των μαθητών.

Αν οι δάσκαλοι μετατρέψουν το γραφείο τους σε εργαστήριο, τότε και οι μαθητές θα μεταμορφώσουν την άψυχη αίθουσά τους σε εργαστήριο αναζήτησης της γνώσης.

Αν οι δάσκαλοι εργάζονται σε ομάδα, τότε και οι μαθητές γίνονται μια μεγάλη ομάδα. Τότε αισθάνονται ότι ανήκουν στο σχολείο και ότι είναι αυτοί για τους οποίους κτίστηκε.

Οι διαπροσωπικές σχέσεις των δασκάλων αλλά και οι επαγγελματικές περνούν μέσα από τις επιστημονικές τους ανησυχίες. Η μάθηση είναι μία εμπειρία που βασίζεται στην αμοιβαιότητα. Οι κοινές επιστημονικές ανησυχίες γεννούν ισχυρά μορφωτικά ερεθίσματα, ορθές κατευθύνσεις και ωφέλιμες αποφάσεις.

Οι προγραμματισμένες περιοδικές συνεδριάσεις ενδυναμώνουν την πίστη και τον ενθουσιασμό των δασκάλων. Ανακαλύπτουν ότι το έργο τους δεν είναι διαχειριστικό, αλλά αποστολικό. Αυτό ενδυναμώνει κι άλλο τους μεταξύ τους δεσμούς, αλλά και την αντίληψη ότι η πραγματική παιδεία είναι μια διαδικασία επίμονη, συστηματική, οργανωμένη και ότι η αξία της είναι διαχρονική. Η καθημερινή ειλικρινής συνεργασία και η συνεπαγόμενη σύσφιξη των προσωπικών σχέσεων κάνει την καθημερινότητα του δασκάλου ενδιαφέρουσα και ζωντανή.

Τέλος τον καθιστά ικανότερο και με μεγαλύτερο βαθμό ετοιμότητας σε επιχειρούμενες νέες καινοτομίες.

5
Η συνομιλία του δασκάλου με τον εαυτό του

Χαρακτηρίζω τον εαυτό μου ως καλό δάσκαλο. Χαρακτηρίζω τον εαυτό μου ενημερωμένο, συνεπή, εργατικό, αποδοτικό. Έχω δίκαιο;

-Έχω εντοπίσει την ουσία της παιδείας ή τη συγχέω με την εκπαίδευση;
-Γνωρίζω ότι η προσωπικότητά μου, ως φορέα και μεταδότη των γνώσεων διαδραματίζει κεφαλαιώδη ρόλο στην όλη παιδαγωγική διαδικασία;
-Προβάλλω σύγχρονα ιδεώδη ή αναπαράγω τα παλαιά; Έχουν τα ιδεώδη μου τη φρεσκάδα της παιδικής ψυχής ή αναδίδουν τη δυσοσμία του κατεστημένου;
-Τίνος υπηρέτης είμαι; Του παιδιού ή άλλων;
-Τι έχω μεταλαμπαδεύσει στα παιδιά μέχρι σήμερα;
-Γνωρίζω ότι η παιδική ζωντάνια είναι παραφυάδα του ενθουσιασμού και ότι ο ενθουσιασμός είναι

ισχυρότατο κίνητρο μάθησης;

-Το χρυσό ζητούμενο είναι ο θετικός δεσμός με κάθε έναν από τους μαθητές μου. Έχω τέτοιους δεσμούς; Έχω έστω και έναν αρνητικό δεσμό; Γιατί;

-Έχω φιλική διάθεση και δημοκρατικό πνεύμα για κάθε ένα παιδί;

-Είναι ο κάθε μαθητής μου μέρος της μαθησιακής διαδικασίας; Έχουν όλοι οι μαθητές άποψη μέσα στην τάξη;

-Εμπιστεύομαι τους μαθητές μου; Αν όχι, πώς νομίζω ότι θα με εμπιστευτούν εκείνοι.

-Προσπαθώ να κατανοήσω τον κόσμο και τις δυνατότητες του παιδιού, ή πασχίζω να προσφέρω στο παιδί τον δικό μου κόσμο;

-Πίσω από τις εκδηλώσεις της ανθρώπινης συμπεριφοράς υπάρχουν εσωτερικά κίνητρα, που ωθούν προς αντίστοιχες ενέργειες. Ποια είναι τα δικά μου εσωτερικά κίνητρα;

-Συλλαμβάνω ευφάνταστους τρόπους προσέγγισης κατά τη διάρκεια της διδασκαλίας μου, με τους οποίους να μπορώ, την κάθε φορά, να αποδίδω τη βαθύτερη ουσία των μαθημάτων;

-Διαθέτω την ξεχωριστή ικανότητα να ανάγω βαθύτερες ιδέες σε απλούστερους κατανοητούς όρους, έτσι ώστε το μάθημα να κεντρίζει το ενδιαφέρον όλων των μαθητών μου;

-Είναι η διδασκαλία μου μια πραγματική εμπειρία ζωής;

-Μπορώ να απορροφήσω την προσοχή των μαθητών μου, χωρίς τη γνωστή καταπίεση;

-Καταφέρνω ώστε οι μαθητές, όχι μόνο να μάθουν για τις αξίες αλλά να τις βιώσουν, να τις ζήσουν;

-Επικοινωνώ με τους μαθητές με αμοιβαία ειλικρίνεια; Αντιμετωπίζω ουσιαστικά τα ζητήματα, εργάζομαι, ερευνώ και αναζητώ μαζί με τους μαθητές μου;

-Ποιες διαστάσεις έχει η μορφή μου στη συνείδηση του παιδιού; Τι εκπέμπω; Τι ακτινοβολώ; Με έχει απασχολήσει αυτό;

-Εκπέμπω αυτοπεποίθηση και δικαιοσύνη; Εκπέμπω αγάπη;

-Κατέχω ένα σταθερό σύστημα αξιών;

-Κατέχω επαρκή γνώση της προσωπικότητας του κάθε μαθητή μου ξεχωριστά; Με βάση αυτό βελτιώνω τη σχέση του με τον μαθητή;

-Είμαι σε θέση να αντιλαμβάνομαι, καταρχήν, τις ανάγκες των μαθητών, να λαμβάνω ταυτόχρονα τα μηνύματα των καιρών και περνώντας τα μέσα από τη διαπροσωπική μας σχέση να τους καθιστώ κοινωνούς πανανθρώπινων ιδεών και αξιών;

-Βοηθώ τους μαθητές μου, να οδηγηθούν από τα κατώτερα στάδια ηθικής ανάπτυξης, σε ανώτερα στάδια, που οδηγούν το άτομο στην αυτόνομη ηθική σκέψη;

-Γνωρίζω ότι η ελεύθερη προσωπικότητα είναι ανάγκη βιολογική και πνευματική;

-Βγάζω από μέσα προς τα έξω, τις ψηλότερες, ευγενέστερες και καλύτερες ιδιότητες που βρίσκονται έμφυτες στον κάθε μαθητή;

-Μπορώ να καλλιεργώ και να αναδεικνύω τις ευαισθησίες των μαθητών;

-Γνωρίζω ότι θα έχω πετύχει στην αποστολή μου όταν διδάξω σε όλους τους μαθητές μου να αγαπάνε κάθε τι όμορφο;

-Επιδιώκω την καλλιέργεια του ήθους; Είμαι τοποθετημένος μέσα στο πλαίσιο των ηθικών αξιών;

-Δίνω προτεραιότητα στο να είσαι κάτι, παρά στο να έχεις κάτι;

-Καλλιεργώ τα αισθητικά κριτήρια των μαθητών μου, που τους κάνουν καλλιεργημένους πολίτες με ευγένεια ψυχής και ήθος ή μήπως φυτεύω στείρα δόγματα;

-Γεμίζω την παιδική ψυχή με πνευματικά στοιχεία ρουτίνας ή την καθοδηγώ ώστε να εκδηλώσει την εσωτερική της ενεργητικότητα, να αναπτυχθεί κατά τον εσωτερικό της νόμο και να αναπτύξει τις δημιουργικές της δυνάμεις;

-Ικανοποιώ την εσωτερική ανάγκη της ψυχής και του πνεύματος, που λέγεται μάθηση;

-Βοηθώ το παιδί να ανακαλύψει, με τη μάθηση, την άλλη του τάση που λέγεται περιέργεια και έρευνα;

-Προετοιμάζω τον μαθητή μου να ενεργεί κατά τέτοιο τρόπο ώστε, σήμερα και αύριο, να είναι ωφέλιμος για τον εαυτό του και για το κοινωνικό σύνολο;

-Διανοίγω τους ορίζοντες των μαθητών; Δίνω πλατιά και μακροπρόθεσμη προοπτική για τον κόσμο και για τη ζωή τους;

-Δίνω ευρύτερο νόημα στην καθημερινή ζωή των μαθητών μου;

-Ενεργώ ως όργανο αφύπνισης ή ως όργανο καταστολής;

-Θεωρώ κάποιο παιδί μειονοτικό; Γνωρίζω ότι τότε του στερώ την αξιοπρέπεια και τον αυτοσεβασμό του;

-Γνωρίζω ότι μεγάλο κομμάτι της ζωής του παιδιού εξαρτάται, σε μεγάλο βαθμό, από την προσωπική μου εκδήλωση και την προσωπική μου δράση; Ότι εξαρτάται από την προσωπικότητά μου, από τον χαρακτήρα μου, από την παιδαγωγική συγκρότησή μου και τέλος από την πείρα μου;

-Καταφέρνω να κάνω τους νέους να διατυπώνουν τις απόψεις τους, να είναι ελεύθερες προσωπικότητες, να ερευνούν και να διατυπώνουν τις σκέψεις τους χωρίς φόβο;

-Είμαι το καταφύγιό τους στον άκαρδο κόσμο;

-Είμαι πατρικός και στοργικός;

-Είμαι στοχαζόμενος, ερευνητής και καινοτόμος δάσκαλος;

-Πιστεύω ότι όλα τα πράγματα που κάνω στην καθημερινότητά μου τα υπαγορεύουν οι βαθύτερες πεποιθήσεις που έχω ως άνθρωπος;

-Πώς αντιδρώ όταν δέχομαι πιέσεις;

-Πιστεύω ότι η αγάπη είναι η δύναμη που τα κάνει όλα;

-Πιστεύω ότι η αγάπη είναι καλύτερος δάσκαλος από το καθήκον;

-Ποιο είναι το κυριότερό μου προτέρημα και ποιο το κυριότερό μου μειονέκτημα;

-Ποια είναι η καλύτερή μου αμοιβή; Η οικονομική ή η αγάπη των μαθητών μου;

-Όταν οι μαθητές μου με κοιτάζουν κατάματα ποια συναισθήματα με κατακλύζουν;

-Γνωρίζω ότι άμα καλλιεργώ για ένα χρόνο φυτεύω καλαμπόκι, άμα καλλιεργώ για δέκα χρόνια φυτεύω δέντρα και άμα καλλιεργώ για μια ζωή παιδαγωγώ ανθρώπους;

-Γνωρίζω τη ρήση του Καζαντζάκη που λέει ότι ιδανικός δάσκαλος, είναι εκείνος που γίνεται γέφυρα για να περάσει αντίπερα ο μαθητής του κι όταν πια του έχει διευκολύνει το πέρασμα, αφήνεται χαρούμενος να γκρεμιστεί, ενθαρρύνοντας τον μαθητή του να φτιάξει τις δικές του γέφυρες.

6
Δάσκαλος, ο ισόβιος μαθητής

Ο αληθινός δάσκαλος δεν λειτουργεί ως δάσκαλος αλλά ως μαθητής, που συνεχίζει να μαθαίνει μαζί με τους μαθητές του.

Ο αληθινός δάσκαλος δεν περιορίζεται σε ό,τι πιο νέο υπάρχει γύρω από την εκπαίδευση. Αυτό είναι το εφικτό όριο της αναζήτησης ενός, μάλλον, άχρωμου δασκάλου.

Ο αληθινός δάσκαλος αιωρείται σε μεγαλύτερα ύψη. Από εκεί ατενίζει τους μακρινούς ορίζοντες της παιδείας.

Ο αληθινός δάσκαλος δεν είναι αναμεταδότης των γνώσεων που έλαβε κάποτε από τον δάσκαλό ιυυ. Δεν έχει την άποψη ότι ό,τι είχε να μάθει το έμαθε εδώ και πολύ καιρό και τώρα βρίσκεται στην σχολική αίθουσα να πει αυτά που έμαθε κάποτε. Δεν μιμείται καν τον δικό του δάσκαλο, όσο σπουδαίος και αν ήταν. Αν, παρά ταύτα, το κάνει τότε αποποιείται την προσωπικότητά του, δεν έχει ταυτότητα και εκπέμπει ξένα μηνύματα σε κλειστούς δέκτες, που είναι οι μαθητές του.

Ο αληθινός δάσκαλος έχει δικό του όραμα. Δεν είναι στατικός. Βρίσκεται σε συνεχή αναζήτηση και βελτίωση. Ανανεώνει και εμπλουτίζει τις γνώσεις του δια βίου. Τελειοποιεί την προσωπικότητά του αενάως. Παραμένει φρέσκος και αυθεντικός σαν φρούτο που δεν έχει υποστεί μετάλλαξη.

Ο αληθινός δάσκαλος δεν ζει για να υπηρετεί τις δικές του ανάγκες, αλλά τις ανάγκες των μαθητών του. Και το πετυχαίνει καλύτερα όσο περισσότερο ταυτίζεται μαζί τους. Όσο παραμένει και αυτός μαθητής. Ένας ισόβιος μαθητής.

Τα σημερινά παιδιά ολοένα και αποκτούν γνώσεις από άλλους χώρους, ανεξάρτητους από το υπάρχον εκπαιδευτικό σύστημα. Αναζητούν και άλλες πηγές γνώσεων, όπως π.χ. το διαδίκτυο. Οι εμπειρίες τους έξω από το σχολείο είναι πλέον τόσο σημαντικές, που τους είναι δύσκολο να αντέξουν ένα στατικό σχολείο και να αποδεχτούν όσα τους προσφέρει. Στα δικά τους μάτια, αν τα πράγματα αφεθούν ως έχουν, το σχολείο θα χάσει σε λίγα χρόνια μεγάλο ποσοστό του κύρους του. Το ίδιο και περισσότερο θα χάσει και ο δάσκαλός τους.

Οι οραματιστές παιδαγωγοί έχουν ήδη συνειδητοποιήσει ότι για πρώτη φορά στην ιστορία της εκπαίδευσης τα παιδιά αρχίζουν να αποτελούν μια πανίσχυρη δύναμη που θα πιέσει προς την κατεύθυνση της αλλαγής του εκπαιδευτικού συστήματος.

Η εξουσία, είτε είναι πολιτική, είτε οικονομική δεν πρόκειται να κάνει σημαντικές αλλαγές. Φοβάται τη δημιουργικότητα. Βάζει τρικλοποδιές στους ιδιοφυείς και ρίχνει τους ανθρώπους στην κατανάλωση για να μην την απειλούν.

Δεν έχει συμφέρον η εξουσία από παιδαγωγημένους ανθρώπους αλλά από εκπαιδευμένους. Συμφέρον από παιδαγωγημένους έχουν οι ίδιοι οι παιδαγωγημένοι, γιατί με το τεράστιο ανάστημά τους μπορούν να αλλάξουν τη δική τους ζωή αλλά και τη ζωή των υπολοίπων.

Εδώ για άλλη μία φορά υπεισέρχεται ο ρόλος του δασκάλου, γιατί αλλάζει, σε πρώτο χρόνο, τη μοίρα των μαθητών του και σε δεύτερο χρόνο τη μοίρα της κοινωνίας.

Η συνεχής εντρύφηση του δασκάλου με θέματα κοινωνικά, θέματα τέχνης, μουσικής και λογοτεχνίας, αναβαθμίζουν τον δάσκαλο και το έργο που παράγει.

Η συνεχής αναζήτηση και η αξιοποίηση των διδαγμάτων της ιστορίας και της φιλοσοφίας και τέλος αξιοποίηση της νέας τεχνολογίας επίσης αναβαθμίζουν τον δάσκαλο και το έργο που παράγει.

Αν ο δάσκαλος κάνει τη διαφορά, η διαφορά αυτή, είναι σίγουρο, ότι θα συνεχίσει να υπάρχει.

Αν δώσει την ψυχή του θα σώσει την ψυχή των μαθητών του και της κοινωνίας.

Ο δάσκαλος, ως ισόβιος μαθητής μαθαίνει αποκρυπτογραφώντας το νόημα των πραγμάτων. Δεν το κάνει για λογαριασμό του. Το κάνει για τους μαθητές του. Μελετώντας συστηματικά ο ίδιος και αναζητώντας την ουσία, κάποτε θα τη βρει και θα τη μεταγγίσει στους μαθητές του.

Αν ο δάσκαλος μάθει πώς να μαθαίνει, αν συ

νεχίσει να μαθαίνει, αν δεν αποβάλλει ποτέ την μόνιμη ιδιότητα του μαθητή, θα μάθουν και οι μαθητές του, αυτόματα, πώς να μαθαίνουν. Και θα μαθαίνουν μόνον τα θετικά. Θα αποχτούν καθαρή σκέψη και έτσι θα μπορούν να αντιδρούν και να καθορίζουν τα μελλοντικά γεγονότα.

Ο δάσκαλος έχει μία σεβαστή ηλικιακή διαφορά με τους μαθητές του. Έχει περισσότερη εμπειρία ζωής. Πρέπει, όμως, να έχει και αντίστοιχη διαφορά γνώσεων για να τους πείσει ότι μπορεί να δείξει το δρόμο.

Ο αληθινός δάσκαλος, ο δάσκαλος στην ιδανική του μορφή, προετοιμάζει έτσι τους μαθητές του ώστε να μπορούν να αντιμετωπίζουν το απροσδόκητο. Να περιμένουν ότι στην επόμενη γωνία κρύβεται το απροσδόκητο, κάτι τέλος πάντων που δεν συνάντησαν ποτέ στη ζωή τους.

Πρέπει να το κάνει αυτό, σε αντίθεση με το σημερινό σχολείο που εισάγει τους μαθητές σε έναν τρόπο σκέψης, που έχει να κάνει με το πώς πρέπει να αντιδρούν και το πώς να αντιμετωπίζουν συγκεκριμένες προβλεπόμενες καταστάσεις.

Ο αληθινός δάσκαλος προετοιμάζει τους μαθητές να λειτουργούν αποτελεσματικά, σήμερα αλλά και αύριο, ως ενήλικοι, και κάτω από συνθήκες για τις οποίες κανείς δεν τους προετοίμασε.

Στα καθήκοντα του αληθινού δασκάλου είναι να κατευθύνει τους μαθητές του προς τη δράση. Να τους δίνει τα εφόδια, ώστε να δημιουργούν λύσεις σε οτιδήποτε προκύψει.

Αυτό, λοιπόν, που προέχει δεν είναι η μετάδοση στείρων γνώσεων με τη μορφή πληροφοριών. Είναι η μετάδοση της δυνατότητας να αξιολογούν και να αξιοποιούν τις πληροφορίες. Να γεννούν ιδέες. Να κάνουν τις πληροφορίες σπέρματα ιδεών. Να δημιουργούν πράγματα από μόνοι τους. Να μάθουν να χτίζουν, να μάχονται, να αντεπεξέρχονται επιτυχώς σε κάθε πρόκληση. Να κάνουν την πληροφορία εφαρμογή, πράξη, δημιουργία.

Αν οι μεγάλοι και οι μικροί, δηλαδή οι δάσκαλοι και οι μαθητές, μάθαιναν ο ένας από τον άλλον, η κατάσταση στα σχολεία θα ήταν ιδανική.

Όλα τα παιδιά ονειρεύονται να γίνουν καλοί μαθητές. Αυτό είναι σίγουρο. Καλός μαθητής είναι αυτός που μετατρέπει την πληροφορία σε γνώση και τη γνώση σε πράξη, σε δημιουργία, σε θετικό αποτέλεσμα.

Καλός μαθητής είναι αυτός που είναι καλός στο να μαθαίνει. Αν λοιπόν βάλεις έναν μαθητή κοντά σε έναν δάσκαλο που συνεχίζει να μαθαίνει, θα μάθει και ο μαθητής να μαθαίνει και θα μαθαίνει όσο ζει.

7
Τα χαρακτηριστικά του αληθινού δασκάλου

Ο δάσκαλος δεν είναι ένα τυποποιημένο προϊόν με αυστηρά ποιοτικά χαρακτηριστικά και με εμπορικές προδιαγραφές. Ευτυχώς, γιατί θα ήταν αποκρουστικός στα μάτια των μαθητών του.

Ούτε το προϊόν παραγωγής του δασκάλου είναι τυποποιημένο. Το προϊόν παραγωγής του είναι ο ολοκληρωμένος άνθρωπος, ο πολίτης, ο δημιουργικός, ο κοινωνικός, ο αυθεντικός, ο ελεύθερος νους. Είναι ο νέος, ο προετοιμασμένος για τη ζωή.

Πρέπει λοιπόν, ο δάσκαλος να συγκεντρώνει έναν κρίσιμο αριθμό προσωπικών γνωρισμάτων, που όλα μαζί συνθέτουν τα χαρακτηριστικά του αληθινού δασκάλου.

α. Προσωπική ταυτότητα.

Ο δάσκαλος πρέπει να είναι ανεξάρτητος, να έχει εμπιστοσύνη στις δυνάμεις του, να είναι ικανός να επισφραγίσει με την προσωπικότητά του όλα όσα εξαρτώνται από αυτόν.

Να αποβλέπει, με τις προσπάθειές του, σε μία νέα γενιά από δυνατούς, ελεύθερους και ανεξάρτητους πολίτες. Να εκπέμπει την αύρα μέσα στην οποία γίνεται η μεταμόρφωση του παιδιού. Η σχολική τάξη να είναι το κουκούλι.

Ο δάσκαλος πρέπει να είναι ικανός να προετοιμάσει ένα περιβάλλον, μέσα στο οποίο οι μαθητές του θα μπορούν να ξεδιπλώσουν την ψυχή τους, σε όλο της το μεγαλείο, ώστε να αποκτήσουν καθαρή ματιά και να γίνουν τελικά διαμορφωτές του μέλλοντός τους και όχι θύματα των γεγονότων.

Ο αληθινός δάσκαλος δεν πρέπει να αισθάνεται καμία δυσαρέσκεια για τις προδιαθέσεις και τις έμφυτες τάσεις των μαθητών. Δεν τις περιορίζει. Αντίθετα επιδιώκει να εμφανιστούν, να εκδηλωθούν.

Δεν επιδιώκει να κάνει τους μαθητές του όμοιους με αυτόν, ούτε όμοιους με άλλους που είναι επιτυχημένοι και αναγνωρίσιμοι.

Με τις άοκνες φροντίδες του πασχίζει να διαπλάσει ανθρώπους όπως τους θέλει η φύση τους. Ανθρώπους όπως τους θέλει η ιερή πνοή που υπάρχει μέσα στη φύση τους. Ο δάσκαλος ανυψώνει την ανθρώπινη φύση στο ψηλότερο και ευγενέστερο σημείο που μπορεί να φτάσει. Η αγάπη, που είναι το κεντρικό χαρακτηριστικό της ταυτότητάς του, μετατρέπεται σε ιερή δύναμη, σε μέσον απελευθέρωσης κάθε θεϊκού και αιώνιου στοιχείου, που υπάρχει μέσα σε κάθε παιδί.

Ο Αϊνστάιν είχε πει κάποτε ότι η αγάπη είναι καλύτερος δάσκαλος από το καθήκον και ότι όλα τα πράγματα πρέπει να τα ερωτευόμαστε.

Εκείνο που ο κάθε γονέας επιθυμεί για το παιδί του, ο δάσκαλος το επιθυμεί για όλα τα παιδιά.

Η σχολική τάξη του αληθινού δασκάλου είναι μία πρότυπη κοινότητα με κανόνες που θεσπίζονται από όλους. Οι κανόνες διέπονται από πνεύμα συνεργασίας, αλληλοβοήθειας, ευγενούς άμιλλας. Ο δάσκαλος θέτει τους στόχους και οι μαθητές τους κατακτούν.

Στην κοινότητα της τάξης δεν υπάρχουν κερδισμένοι και χαμένοι. Υπάρχουν ολοκληρωμένοι, ανάλογα με τις δυνατότητες της ηλικίας τους και με τα ατομικά τους χαρακτηριστικά. Ο αληθινός δάσκαλος γνωρίζει την πνευματική σύνθεση κάθε μαθητή του και, με βάση αυτό, εμπιστεύεται την ελεύθερη δραστηριότητά του. Γνωρίζει τα «κέντρα ενδιαφέροντος» του κάθε παιδιού.

Τα κέντρα ενδιαφέροντος σχετίζονται με την άμεση επαφή του με τον κόσμο που το περιβάλλει. Συνεπώς, όταν ο δάσκαλος διευρύνει τον κόσμο, δημιουργεί νέα κέντρα ενδιαφέροντος και υποκινεί σε ενέργεια τη νοημοσύνη του μαθητή. Με τον τρόπο αυτό παράγει δημιουργικά σπέρματα και προσφέρει στο μαθητή του φορτία ιδεών προς διατήρηση.

Ο αληθινός δάσκαλος είναι δημοκρατικός. Και επειδή είναι δημοκρατικός γίνεται αποδεκτός και πρότυπο συμπεριφοράς. Εισάγει δημοκρατικές πρακτικές στην τάξη και επιλύει τις αδυναμίες και τα λάθη με περισσότερη δημοκρατία. Δημιουργεί διδακτικό περιβάλλον όπου όλοι οι μαθητές συνεργάζονται και είναι συνυπεύθυνοι στη διαδικασία της μάθησης.

Ο δάσκαλος είναι στενά συνδεμένος με την κοινωνία που ζει και εργάζεται. Γνωρίζει την επίδραση που ασκεί στην κοινωνία καθώς και την επίδραση της κοινωνίας σ' αυτόν και αποβαίνει ικανός να ζει και να εργάζεται μέσα σ' αυτήν.

Αυτή του την ικανότητα, με την καθημερινή πρακτική, πρέπει να την μεταγγίσει στους μαθητές του. Διοργανώνει, για παράδειγμα, ομαδικές δραστηριότητες στην τάξη, ώστε να αναπτυχθεί το πνεύμα της σχολικής ζωής και να αποφευχθεί το πνεύμα της μάζας.

Η ζωή αναζωπυρώνεται μονάχα με ζωή.

Διοργανώνει μικρές γιορτές με αφορμή μία επέτειο, όπως π.χ. τα γενέθλια ενός παιδιού, και έτσι ανασυγκροτεί τον κοινωνικό ιστό της τάξης και τον δυναμισμό της. Η κοινωνικότητα αναπτύσσεται με τις κοινωνικές εκδηλώσεις που δημιουργεί και συμμετέχει το παιδί στο σχολείο.

Το πολυτιμότερο χαρακτηριστικό του δασκάλου είναι η καθοδήγηση. Είναι η «τέχνη του άγειν τους παίδας». Είναι η επαρκής γνώση της παιδαγωγικής επιστήμης και ο μετασχηματισμός της σε τέχνη.

β. Η επιθυμία να γίνει καλύτερος δάσκαλος.

Σήμερα, μέσα στην κατακερματισμένη, απέραντα εξειδικευμένη και αφόρητα απαιτητική εποχή, το μεγαλύτερο βάρος, ο πιο μεγάλος κλήρος πέφτει στους ώμους του δασκάλου, του λειτουργού της πρωτοβάθμιας εκπαίδευσης. Προτιμούμε τον όρο Πρωτοβάθμια Παιδεία, για όλους τους λόγους που ανασκαλεύονται στα προηγούμενα, αλλά και στα επόμενα κεφάλαια.

Σ' αυτό το σκαλοπάτι της ζωής του παιδιού, το ζητούμενο είναι, παράλληλα με την ανάγνωση και τη γραφή, να καλλιεργηθεί ο ηθικός του χαρακτήρας και να θεμελιωθεί η θετική και γόνιμη σύνδεσή του με την κοινωνία.

Σ' αυτό το σκαλοπάτι, θα πρέπει να αποκτήσει η συνείδηση του παιδιού το πιο άξιο και πιο άρτιο πνεύμα της κοινωνικότητας.

Να αποκτήσει την επίγνωση της συνύπαρξης της ζωής του με τη ζωή όλων των άλλων. Να συνειδητοποιήσει ότι η δική του προσωπική αξιοπρέπεια εξαρτάται από το μέγεθος της συμβολής του στα κοινωνικά αγαθά.

Η βαθμίδα αυτή της παιδείας, η πρωτοβάθμια, αποτελεί, εξ ίσου, κρίσιμο θέμα και για τον ίδιο τον δάσκαλο. Η αξία και η ανάπτυξη του ίδιου του δασκάλου δοκιμάζεται και, κυρίως, προσδιορίζεται από τον βαθμό που βοηθά στην πραγμάτωση των στόχων της παραπάνω βαθμίδας.

Προσδιορίζεται από την επιτυχή «πραγματοποίηση της εντολής» που του εμπιστεύτηκε η πολιτεία, οι γονείς και τα παιδιά.

Η αξία του δασκάλου είναι ανεκτίμητη όταν ο εμφορείται από:

- Ηθική ακτινοβολία
- Πνευματική αρτίωση
- Συναίσθηση ευθύνης
- Ακοίμητο μόχθο

Ο δάσκαλος που έχει συνειδητοποιήσει την αξία και τη βαρύτητα των τεσσάρων αυτών προϋποθέσεων, διακατέχεται ήδη από την επιθυμία να γίνει καλύτερος δάσκαλος. Είναι έτοιμος από καιρό.

Έχει αποφασίσει να ενταχθεί στο ωραίο και ακλόνητο αίτημα της παιδείας.

Έχει αποφασίσει να ενταχθεί, όχι στις προσωρινές ανάγκες του καιρού μας και στην πρακτική της εποχής αλλά, στις διαχρονικές αξίες.

Ο αληθινός δάσκαλος εμφυτεύει στα παιδιά τη σταθερή θέληση για παραγωγική εργασία. Η σχέση όμως αυτή με την εργασία θεμελιώνεται, όχι σε κερδοσκοπική βάση αλλά στην ελεύθερη και δημιουργική διάθεση της ψυχής των παιδιών. Η εργασία, εξ ορισμού, παράγει έργο, που πρέπει να είναι υλικά ανταποδοτικό. Συνάμα το έργο πρέπει να είναι ο πιο ωραίος και υψηλός καρπός της κοινωνικής αγωγής.

Δεν διδάσκονται οι αξίες με λόγια. Αν γίνει αυτό θα πρόκειται για μερικές ακόμη στείρες γνώσεις, προσωρινές, χωρίς άλλη χρησιμότητα. Οι αξίες μεταλαμπαδεύονται, σαν την Ολυμπιακή φλόγα που την δίνει ό ένας δρομέας στον επόμενο. Και όπως η ολυμπιακή φλόγα έτσι και οι αξίες έχουν ιερό και παντοτινό συμβολισμό.

Ο δάσκαλος είναι ο δρομέας. Δίνει τη φλόγα στους μαθητές του και αυτοί τη διατηρούν βαθιά στην ψυχή τους, άσβεστη, για να την παραδώσουν, με τη σειρά τους, στον επόμενο όταν έρθει η στιγμή. Ο επόμενος είναι η μελλοντική τους οικογένεια και ο ευρύτερος κοινωνικός τους περίγυρος. Ο δάσκαλος δεν είναι διεκπεραιωτής εγγράφων, δεν κάθεται σε μια καρέκλα ενός γραφείου, αντίθετα είναι δημιουργός ανθρώπων και κοινωνίας. Ο δάσκαλος δεν είναι ένας ξερός επαγγελματίας. Έχει απέναντί του, καθημερινά, μάτια άδολα, αθώα, αγνά, γεμάτα απορία. Έχει ψυχές που αναζητούν την αλήθεια.

Η διδασκαλία χρειάζεται ψυχή, χρειάζεται προσωπικότητα, για να έλξει τους μαθητές και για να βγαίνουν οι μαθητές πλουσιότεροι σε γνώσεις και καλύτεροι ως άνθρωποι. Αυτή είναι οι αλήθεια.

Προβάλλει, λοιπόν, το αίτημα της υψηλής πνευματικότητας και της αυτομόρφωσης του δασκάλου. Καταδεικνύεται η μεγάλη και θετική ικανότητα που πρέπει να έχει για να μπορεί να τελεσφορήσει στο έργο του.

Φαίνεται, πως το έργο αυτό έχει πιο μεγάλες και πιο δύσκολες απαιτήσεις από την προσφορά μιας μεθοδικά άψογης διδασκαλίας. Γιατί είναι κατ' εξοχήν έργο βαθιά πνευματικό και πολύπλευρο. Γιατί είναι έργο έμπνευσης, που μαζί με την έμφυτη δημιουργική δύναμη προϋποθέτει, προπαντός σήμερα, μια προικισμένη ψυχή, πλούσια, καλλιεργημένη, σε πολύ ανοιχτό ορίζοντα προσανατολισμένη και με βαρύ αίσθημα της ευθύνης.

Ο αληθινός δάσκαλος δεν περιορίζεται σε απλούς τεχνολογικούς και μεθοδολογικούς κανόνες. Οι υποχρεώσεις του έγιναν βαθύτερες.

Ο νέος άνθρωπος, που προσφέρει τη φρεσκάδα του, την προθυμία του, τα χρόνια της νωπής ηλικίας του, ζητά από το σημερινό δάσκαλό του, να είναι μια καλλιεργημένη διάνοια, ένα πνεύμα ανοιχτό και ανήσυχο.

Στην εποχή της στενής επαγγελματικής και βιοτικής εξειδίκευσης, όπου ο εμπειρισμός έγινε κανόνας, ισχύει περισσότερο από κάθε άλλη στιγμή του παρελθόντος, ο κοινωνικός νόμος της επιστημονικής ειδίκευσης.

Χρειάζεται λοιπόν, επίμονη παρακολούθηση των παιδολογικών επιστημών και προοδευτική αρτίωση της γενικής καλλιέργειας του δασκάλου, για να μπορέσει να αντιμετωπίσει αποτελεσματικά τη σύγχρονη σχολική πραγματικότητα, να αποβεί ενσαρκωτής ιδανικών πολιτισμού και ανθρωπισμού, να οδηγήσει φυσικά και αβίαστα στο βιολογικό ωρίμασμα του παιδιού, που κατακλύζεται από γνωστική περιέργεια. Χρειάζεται από μέρους του, έρευνα και διάγνωση της παιδικής νοοτροπίας του καιρού μας, των ενδιαφερόντων, των αναγκών και ροπών του νέου ανθρώπου.

Με την αδιάκοπη λοιπόν μελέτη του και τις συνεχείς επιμορφώσεις του, μέσα από βιβλία, συνέδρια, σεμινάρια και σχολές εξειδίκευσης, πρέπει να προσπαθήσει να διευρύνει τους πνευματικούς του ορίζοντες για να καταφέρει να ξεφύγει από τη ρουτίνα που βασανίζει άλλους υπαλλήλους. Αν η διδασκαλία καταντήσει ρουτίνα, οι μαθητές είναι καταδικασμένοι στην ημιμάθεια.

Είναι λάθος να ασκεί ο δάσκαλος τη διδασκαλία όπως ο δικός του δάσκαλος παλαιότερα. Τη θεωρία που είναι αποταμιευμένη στα βιβλία, να την ξεπεράσει. Να την κάνει πράξη ανανεωτική, ευεργετική και απολυτρωτική στη σχολική του πρακτική.

Τότε είναι αληθινός δάσκαλος. Τότε είναι ψυχοπλάστης.

8
Η αξιοποίηση της τεχνολογίας

Ο αιώνας μας, με την έλευσή του έφερε, μεταξύ των άλλων, και την αμφισβήτηση του κύρους και της χρησιμότητας του σχολείου, ως οργανωμένου κοινωνικού θεσμού, που αποβλέπει στη μετουσίωση των πληροφοριών σε γνώση και στη διαμόρφωση της νέας γενιάς.

Όλες οι ενδείξεις προλέγουν, ότι η αμφισβήτηση αυτή θα πάρει στο άμεσο μέλλον οξύτερη μορφή. Και τούτο διότι η προσιτή απόκτηση του ηλεκτρονικού υπολογιστή, οι άπειρες δυνατότητές του, το διαδίκτυο και η γρήγορη πρόσβαση σε ανεξάντλητες πηγές πληροφοριών άλλαξαν την αντίληψη των μαθητών για το σχολείο. Στη συνείδηση των παιδιών το παραδοσιακό σχολείο φαντάζει πλέον υπάνιμο και βαρετό.

Η μαγεία που ασκεί η τεχνολογία στα παιδιά δημιουργεί ισχυρούς δεσμούς με αυτήν. Όχι σπάνια οι δεσμοί καταλήγουν σε εξάρτηση. Οι νέοι δεσμοί ανταγωνίζονται και αποδυναμώνουν τους δεσμούς με το δάσκαλο και το σχολείο. Υπάρχουν πλέον, για τα παιδιά, καινούργια κανάλια μέσα από τα οποία μπορούν να προσεγγίσουν την πληροφορία και μάλιστα χωρίς να είναι υπάκουα.

Το πιο σημαντικό είναι ότι ακόμη και μικρά παιδιά έχουν πρόσβαση σε μυριάδες πηγές γνώσης, πράγμα που τα καθιστά περισσότερο ανεξάρτητα από όσο μπορούν να φανταστούν οι γονείς, αλλά και οι δάσκαλοί τους.

Τα παιδιά ανέκαθεν εύρισκαν τρόπους να μαθαίνουν πράγματα, ανεξάρτητα από το σχολείο, έξω από το σχολείο, έξω από το σπίτι, ακόμη και παίζοντας. Σήμερα μαθαίνουν περισσότερα και ευκολότερα και μάλιστα με έναν τρόπο που μοιάζει με παιχνίδι.

Υπό μίαν έννοια το σχολείο, αν δεν αλλάξει, απειλείται και, στη συνείδηση του παιδιού, υποβαθμίζεται. Οι μαθησιακές εμπειρίες των παιδιών έξω από το σχολείο εκτοπίζουν αυτές που προσφέρει το σχολείο. Αυτό και μόνο είναι μία ισχυρή πίεση για αλλαγές στα εκπαιδευτικά συστήματα και μάλιστα η πίεση αυτή ασκείται από παιδιά. Για πρώτη φορά στην ιστορία της εκπαίδευσης τις αλλαγές θα τις επιβάλλουν τα παιδιά και όχι οι λεγόμενοι σοφοί.

Για τον προνοητικό δάσκαλο αυτό είναι ένα απροσδόκητο δώρο. Η εισαγωγή της ψηφιακής τεχνολογίας στη σχολική τάξη και η αξιοποίησή της ως σύγχρονο, αυτοεξελισσόμενο, πρακτικό και αποδοτικό εργαλείο μάθησης, κρατά άγρυπνο το ενδιαφέρον των μαθητών.

Με την ενσωμάτωση και τη χρήση της νέας τεχνολογίας, ο ρόλος του σχολείου και το κύρος του επανέρχεται και παραμένει, ψηλά, στην εκτίμηση της παιδικής ψυχής.

Για τον δάσκαλο μία καινούρια και ενδιαφέρουσα πρόκληση έρχεται στην επιφάνεια. Πώς δηλαδή η ένταξη του ηλεκτρονικού υπολογιστή, και της παρεμφερούς τεχνολογίας, στην καθημερινή πρακτική της τάξης του, δεν θα αποδυναμώσει την ευέλικτη και καθαρή σκέψη των μαθητών. Με άλλα λόγια πώς οι μαθητές θα αναπτύξουν και θα διατηρήσουν την ικανότητα να κάνουν συνδυαστικές σκέψεις και να εξάγουν σωστά συμπεράσματα αντί να περιορίζονται στις ακαριαίες, έτοιμες λύσεις που προτείνει το μηχάνημα.

Και ακόμη πιο συγκεκριμένα, πώς η παιδεία θα κρατήσει τα θεμελιώδη και διαχρονικά χαρακτηριστικά της και δε θα καταντήσει μία επίπεδη και γραμμική εκπαίδευση. Πώς θα μυρίζει σαν άρωμα και όχι σαν αντισηπτικό.

Ο αληθινός δάσκαλος, αυτός που κινείται σε λεωφόρους με παιδαγωγικά και όχι με εκπαιδευτικά σήματα κυκλοφορίας, θα εντάξει τις δυνατότητες της τεχνολογίας στα παιδαγωγικά πεδία. Και μάλιστα, με την ευκαιρία, εκμεταλλευόμενος τις δυνατότητες της τεχνολογίας, θα διευρύνει αυτά τα πεδία. Θα ατενίσει πιο μακρινούς ορίζοντες και θα κατακτήσει νέους παιδαγωγικούς στόχους.

Ο αληθινός δάσκαλος δε θα φορτώσει τους μαθητές με φορτία από άχρηστες πληροφορίες, επειδή είναι εύκολο να τις βρει. Θα τους κατευθύνει σε πληροφορίες, τόσες όσες χρειάζονται, για να δημιουργούν πράγματα από μόνοι τους. Η αλληλουχία των πληροφοριών που θα τους δίνει θα έχει έναν στιβαρό άξονα περιστροφής.

Γύρω του θα περιστρέφονται θέματα με εκπαιδευτική και με παιδαγωγική αξία.

Η επιλογή της ψηφιακής πληροφορίας και, στη συνέχεια, η ωφέλιμη αξιοποίησή της είναι που κάνει το δάσκαλο μεγάλο. Ό,τι και να συμβεί, όσο κι αν θελήσει κάποιος να υποτιμήσει ή να ενοχοποιήσει την εφαρμογή της σύγχρονης τεχνολογίας στο σχολείο, ο καλός, και πάλι, δάσκαλος θα κάνει τη διαφορά και η διαφορά, είναι σίγουρο, θα συνεχίσει να υπάρχει. Ο αληθινός δάσκαλος μπορεί, αυτό το άψυχο πράγμα που είναι η τεχνολογία, να το κάνει σημαντικό και ουσιαστικό παιδαγωγικό εργαλείο.

Γνωρίζει καλά ότι η τεχνολογία είναι δημιουργική. Επίσης γνωρίζει καλά ότι η μάθηση με την βοήθεια της τεχνολογίας δεν απαιτεί την πειθαρχία του παραδοσιακού σχολείου, αλλά την δημιουργικότητα του χειριστή της.

Γνωρίζει ότι η πληροφορία θέλει ευέλικτο μυαλό για να απελευθερώσει την αξία που περιέχει.

Γνωρίζει ότι η μάθηση είναι υπόθεση για δύο, όχι βέβαια του μαθητή και του υπολογιστή, αλλά του μαθητή και του δασκάλου.

Γνωρίζει ότι η μάθηση είναι εμπειρία βασισμένη στην αμοιβαιότητα μεταξύ του διδάσκοντος και του διδασκόμενου.

Γνωρίζει ότι η μάθηση βασίζεται στην επικοινωνία ανάμεσα στην ψυχή του δάσκαλου και στην ψυχή του μαθητή.

Γνωρίζει ότι η επικοινωνία αυτή δεν είναι ποτέ βαρετή. Ότι η επικοινωνία αυτή δίνει στα παιδιά τη δυνατότητα να ερωτευτούν πράγματα και αξίες, και να κρατήσουν τον έρωτα αυτό όλη τη διάρκεια της ζωής τους. Ο Η/Υ δεν δίνει καμία δυνατότητα έρωτος. Οδηγεί σε εξάρτηση που είναι πράγμα τελείως διαφορετικό.

Το σχολείο και ο δάσκαλος βασίζονται στην παιδικότητα, στον αυθορμητισμό, στην ανεξαρτησία και στη δυνατότητα επιλογής με σωστά κριτήρια.

Το σχολείο και ο δάσκαλος δημιουργούν κίνητρα και ιδέες για μάθηση. Μόνον ο δάσκαλος μπορεί να πει όλα τα πράγματα με λόγια. Ο ηλεκτρονικός υπολογιστής δεν μπορεί να πει τίποτε.

Οι δύο όψεις του νομίσματος που λέγεται παιδεία, είναι ο δάσκαλος και το σχολείο. Ο υπολογιστής είναι, απλά, μία πηγή πληροφοριών. Και μάλιστα δεν είναι η πιο σημαντική πηγή. Επί πλέον, η πληροφορία δεν έχει καμία αξία αν δεν αξιοποιηθεί. Με άλλα λόγια η τεχνολογία είναι το μέσον με το οποίο οι μαθητές, με την καθοδήγηση του δασκάλου, δημιουργούν χρήσιμα πράγματα από μόνοι τους. Και μάλιστα σιγά σιγά μαθαίνουν να διαχειρίζονται όλο και πιο δύσκολα προγράμματα, και να γίνονται όλο και καλύτεροι μαθητές. Καλοί μαθητές είναι αυτοί που είναι καλοί στο να μαθαίνουν από οτιδήποτε. Αν ο δάσκαλος ξέρει να μαθαίνει, θα μάθει και ο μαθητής να μαθαίνει.

Παρατίθενται ενδεικτικά μερικές εφαρμογές της τεχνολογίας με εκπαιδευτική και παιδαγωγική αξία:

1. Να φτιάξει η τάξη ένα blog για να επικοινωνεί, για να έχει μία εφημερίδα των δραστηριοτήτων της. Να γίνουν οι μαθητές αρθρογράφοι και διακινητές προβληματισμών σχετικών με τη μάθηση.
2. Να έχει η τάξη ένα twitter που θα συνδέει

τους μαθητές της. Που θα τους συνδέει με άλλους μαθητές σε όλα τα μήκη και πλάτη της γης, που θα δημιουργήσει διάλογο. Αντίστοιχες συνδέσεις θα έχει και ο δάσκαλος. Μέσα από το twitter θα γίνεται ανταλλαγή ιδεών και πληροφοριών σχετικών με τη βελτίωση των μαθημάτων. Θα γίνεται ανταλλαγή ερωτήσεων και απαντήσεων. Θα γίνεται συνεργατική μάθηση. Θα προσφέρεται υποστήριξη στην κατ' οίκον εργασία.
3. Να φτιάξει η τάξη ένα ερευνητικό project. Να εκπονήσει ένα project συνεργασίας. Να καλέσει ειδικούς να μοιραστούν τη γνώση με την σχολική τάξη.
4. Να σχεδιάσει μία διαδραστική παρουσίαση.
5. Να καταγράφει ο δάσκαλος τις δραστηριότητες της τάξης, και να κάνει, όταν χρειάζεται, διορθωτική ανατροφοδότηση. Να δημοσιοποιεί τις δραστηριότητες για την κατάρτιση άλλων δασκάλων.
6. Να μάθουν οι μαθητές να εργάζονται μέσα από εικόνες. Να κοινοποιούν πώς συνέλαβαν και πώς υλοποίησαν μία σημαντική ιδέα.
7. Να ιδρύσει η τάξη ένα forum. Να δημιουργήσει καταιγισμό ιδεών και διαλόγου. Να διηγηθεί τη δική εμπειρία, τη δική της ιστορία.
8. Να αποκτήσουν οι μαθητές πρόσβαση σε καταλόγους βιβλίων και περιοδικών. Να αναζητήσουν άρθρα και ανακοινώσεις που τους ενδιαφέρουν.
9. Τέλος η χρήση της τεχνολογίας να γίνει εργα-

λείο μάθησης αλλά και ανίχνευσης των αναγκών και των ενδιαφερόντων των μαθητών.

9
Η σχολική αίθουσα

α. Η δημιουργική λειτουργία της αίθουσας.

Τα σχολεία ακολουθούν όλα ένα πανομοιότυπο μοντέλο σχολικού χώρου. Οι παρατηρούμενες διαφοροποιήσεις, από σχολείο σε σχολείο, αφορούν κυρίως στην αισθητική των κτιρίων και λιγότερο στα λειτουργικά τους χαρακτηριστικά.

Οι αίθουσες διδασκαλίας είναι τετράγωνες ή ορθογώνιες, παρατεταγμένες στη σειρά, χωρίς λειτουργική σχέση μεταξύ τους, ούτε και με άλλους εσωτερικούς ή υπαίθριους σχολικούς χώρους. Η σχολική αίθουσα, συνεπώς, από αρχιτεκτονική άποψη, είναι αποκομμένη από το περιβάλλον, απομονωμένη και εσωστρεφής. Το ίδιο αποκομμένη είναι και από λειτουργική άποψη. Με αυτό το δεδομένο γεννάται το εύλογο ερώτημα, πώς δηλαδή ο δάσκαλος θα διαμορφώσει και θα εξοπλίσει την αίθουσά του ώστε να γίνει πρακτική, χρηστική, λειτουργική και ταυτόχρονα ευχάριστη;

Το μοντέλο της σχολικής αίθουσας που έχει ο μέσος δάσκαλος στο μυαλό του είναι αυτό της τάξης που εκείνος φοιτούσε πριν μερικές δεκαετίες. Δηλαδή θρανία σε παράλληλες σειρές προσανατολισμένες στον μαυροπίνακα και στην έδρα που βρίσκεται πάνω σε βάθρο εποπτείας και κυριαρχίας, κοντά στα παράθυρα.

Ποιό είναι το οπτικό πεδίο του μαθητή μέσα σε μία τέτοια αίθουσα;

Είναι η πλάτη του συμμαθητή του που κάθεται μπροστά του, μερικά ακόμη κεφάλια και πλάτες, και στο βάθος ο μαυροπίνακας. Σταθερές οι θέσεις και ακόμη πιο σταθερός και χωρίς αλλαγές ο τρόπος διδασκαλίας. Ο πίνακας είναι το κεντρικό στοιχείο του διδακτικού χώρου. Είναι στοιχείο εκπαιδευτικό και ταυτόχρονα συμβολικό. Ο μαθητής παρακολουθεί τον δάσκαλό του που διδάσκει, με τη χρήση του πίνακα. Στον πίνακα στέκεται όρθιος και εξετάζεται ο μαθητής. Ο πίνακας είναι η αρχή και το τέλος. Είναι το μαγικό πεδίο της εκπαιδευτικής εξουσίας.

Ο πίνακας ευθύνεται για τον μονολειτουργικό χαρακτήρα του σχολικού χώρου. Η σχέση του με τη σχολική αποτυχία είναι άμεση. Ο πίνακας πλέον, από μόνος του, δεν προσφέρει την παραμικρή δυνατότητα αυτοεξέλιξης ούτε του δασκάλου ούτε του μαθητή.

Εάν ο χώρος της αίθουσας μείνει ως έχει, δύο τινά θα εξακολουθεί να αναπαράγει: τη διδακτική δυσκολία και ανεπάρκεια και την περιορισμένη συνεισφορά στη μάθηση, που είναι ταυτόσημη με την σχολική αποτυχία των μαθητών.

Η κτιριακή πραγματικότητα του σχολείου, που θέλει τις σχολικές αίθουσες απομονωμένες και αυτονομημένες, αντισταθμίζεται ως ένα βαθμό με την συνεργασία των δασκάλων, όπως αυτή περιγράφεται στο 4º κεφάλαιο. Όμως ο αληθινός δάσκαλος έχει προ πολλού ξεφύγει από τα ασφυκτικά πλαίσια της στασιμότητας. Έκανε την παραδοσιακή δύσκαμπτη αίθουσα ευέλικτη και λειτουργική. Έκανε την ατομική μάθηση ομαδική και συνεργατική. Έκανε τους μαθητές ενεργητικούς και δημιουργικούς. Τους έκανε δέκτες αλλά και πομπούς ταυτόχρονα. Απελευθέρωσε την παιδική ευρηματικότητα. Άνοιξε διάπλατα τα φτερά των μαθητών.

Τα θρανία δεν είναι πλέον σε παράλληλες σειρές αλλά σε ομάδες. Οι μαθητές δεν κοιτάζουν την πλάτη των συμμαθητών τους αλλά τα πρόσωπά τους. Τίποτε δεν είναι κρυφό, ατομικό, προσωπικό. Τίποτε δεν γίνεται ιδιωτικά.

Η έδρα και το βάθρο της έχασαν τον μυθικό τους συμβολισμό. Ο δάσκαλος τριγυρίζει πλέον ανάμεσα στις ομάδες των μαθητών του. Εκεί είναι η θέση του.

Ο μαυροπίνακας, παρά την εισαγωγή της ψηφιακής τεχνολογίας στα σχολεία, δεν έχασε το μονοπώλιο της απεικόνισης λέξεων αριθμών και σχημάτων. Η λειτουργία της τάξης στηρίζεται σε αυτόν. Η παραδοσιακή χρήση του μαυροπίνακα επιβάλλεται να αλλάξει. Αν δεν αλλάξει θα χάσει τελείως το εναπομείναν ενδιαφέρον των μαθητών.

Η λειτουργία της τάξης θα πρέπει να έχει δημοκρατικό περιεχόμενο και δομή. Μόνο μέσα σε δημοκρατική σχολική ατμόσφαιρα ο μαθητής αναπτύσσει όλες τις δυνατότητες και τις αρετές του και εξελίσσεται σε ακέραια προσωπικότητα.

Μόνο μέσα σε δημοκρατικό περιβάλλον, ο μαθητής αισθάνεται άνετα, συμμετέχει στο μάθημα με την ψυχή του, έχει λόγο για ότι γίνεται στην τάξη του και στο σχολείο και εργάζεται δημιουργικά. Μόνο μέσα σε δημοκρατικό περιβάλλον, ο μαθητής μαθαίνει να σκέφτεται, να παίρνει πρωτοβουλίες και ευθύνες, να συνεργάζεται, να συναγωνίζεται κι όχι να ανταγωνίζεται, να αναπτύσσει μόνιμες φιλικές σχέσεις.

Η δημοκρατική τάξη και ο δημοκρατικός δάσκαλος είναι το μέσο για τη δημιουργία φραγμών, ενάντια σε κάθε απόπειρα αντικοινωνικής εκδήλωσης του νέου, αφού τον κάνει πρόθυμο και ικανό να προσφέρει στο σύνολο και να αγωνίζεται για κοινές αξίες.

Ο αληθινός δάσκαλος, θα δημιουργήσει ένα σχολικό περιβάλλον τέτοιο, που η ατμόσφαιρα και η αύρα του θα γεννήσει ένα πλήθος ερεθισμών και κινήτρων μάθησης. Ο αληθινός δάσκαλος της εποχής μας και του τόπου μας κατέχει τη δημιουργική ικανότητα του καλλιτέχνη, την λεπτομερή στάση του επιστήμονα και την επιδεξιότητα του καλού τεχνίτη.

Για μια δημιουργική προσέγγιση των μαθημάτων απαιτείται από το δάσκαλο προετοιμασία, προγραμματισμός και επίδειξη πνεύματος επινοητικότητας και ευκαμψίας, καθ' όλη τη διάρκεια της σχολικής χρονιάς. Μόνο έτσι ο δάσκαλος θα καταφέρει να αντιμετωπίσει με επιτυχία τις προκλήσεις της συγκεκριμένης σχολικής πραγματικότητας.

Δεν μπορεί μία τάξη να είναι δημιουργική αν δεν είναι ευέλικτη.

Οι περισσότεροι δάσκαλοι, ακόμη και σήμερα, εμφανίζονται διστακτικοί, μπροστά στην εφαρμογή ενός πιο «ευέλικτου» τρόπου διδασκαλίας, μιας πιο ευέλικτης τακτικής μέσα στη τάξη. Ίσως, από το ένα μέρος είναι η αποκτημένη συνήθεια, που δεν μπορεί να αποβληθεί εύκολα και από το άλλο οι αμφιβολίες, όπως και οι δυσκολίες της πρώτης αρχής.

Ό,τι είναι νέο φοβίζει, δυστυχώς, σε όλες τις εκδηλώσεις της ζωής. Τρομάζει η σκέψη μήπως γίνουν σφάλματα. Βέβαια, οι φόβοι αυτοί μπορούν να εξαφανιστούν με τη σωστή προετοιμασία, τη συνεργασία και τον εποικοδομητικό διάλογο με τους συναδέλφους της σχολικής μονάδας αλλά και άλλων σχολείων.

Ο αληθινός λειτουργός της πρωτοβάθμιας εκπαίδευσης γνωρίζει ότι η παθητική στάση του μαθητή στο σχολείο έχει αρνητική επίδραση στη μάθησή του και στο χαρακτήρα του.

Γνωρίζει ότι η επίδραση αυτή, που παλαιότερα αντισταθμίζονταν από τις δραστηριότητες της εξωσχολικής ζωής, με τα παιχνίδια της γειτονιάς και της αλάνας, που ήταν γεμάτα δράση και φαντασία, σήμερα παραμένει αρνητική, και σε πολλές περιπτώσεις επιτείνεται, με τα αναρίθμητα «μη» και «δεν πρέπει» που επιβάλλονται από την παθητικότητα του σπιτιού και από τον συμβιωτικό και ταυτόχρονα αποξενωτικό χαρακτήρα του μοντέρνου τρόπου ζωής.

Έτσι, η προσπάθεια ενεργοποίησης των μαθητών έχει πλέον διπλή αποστολή. Από τη μια μεριά εντάσσεται στη διδακτική επιταγή, ότι μόνο με την ενεργό δράση επιτυγχάνεται καλύτερα η απόκτηση της γνώσης και από την άλλη, η ενεργός δράση παίζει ρόλο αντισταθμιστικό στο κοινωνικό φαινόμενο της αδρανοποίησης και απομόνωσης, που επέβαλαν οι τεχνολογικές και κοινωνικές συνθήκες της εποχής μας.

Αν ερωτηθούν οι γονείς των παιδιών, τι είναι ο αληθινός δάσκαλος θα δώσουν ποικίλες απαντήσεις.

Μερικοί θα απαντήσουν ότι δεν γνωρίζουν τι είναι «αληθινός δάσκαλος», αλλά θα υποθέσουν με σιγουριά ότι «αληθινός» δάσκαλος είναι αυτός που δίνει πολλές εργασίες σε φωτοτυπίες, παιδεύει το παιδί με «παπαγαλισμό» άπειρων γνώσεων και δεν χάνει τον καιρό του ξοδεύοντάς τον σε μαθήματα που έχουν σχέση, π.χ., με την αισθητική αγωγή.

Άλλοι θα απαντήσουν ότι ο συντονιστής δάσκαλος, ο συνερευνητής, ο σύμβουλος και ο φίλος του παιδιού τους μάλλον δεν είναι τόσο καλός δάσκαλος, ίσως γιατί δεν είναι αυστηρός και τιμωρητικός. Ίσως, γιατί κατά τη γνώμη τους κακομαθαίνει τα παιδιά.

Αντίθετα, αν μπορούσε ο μαθητής της εποχής μας να ερωτηθεί, θα απαντούσε ότι θα ήθελε να έχει δίπλα του, και όχι απέναντί του, έναν ευέλικτο δάσκαλο, πρόθυμο να συμμετέχει σε όλες τις δραστηριότητες, να αναπτύσσει διάλογο μαζί του, να διαβάζει, να ερευνά και να δουλεύει και να παίζει με όρεξη και ευχάριστη διάθεση.

Ο αληθινός δάσκαλος γνωρίζει ότι ο όρος μάθηση σημαίνει όχι μόνο τη συλλογή πληροφοριών πάνω στο θέμα που προβληματίζει και ενδιαφέρει τα παιδιά, αλλά και την επεξεργασία και την εμβάθυνση των πληροφοριών με τη δική τους παρατήρηση, τη δική τους φαντασία και τη δική τους κρίση. Γνωρίζει ότι η μάθηση δεν είναι η παθητική συλλογή και απομνημόνευση γνώσεων, αλλά η πρακτική αξιοποίηση του ανθρώπινου ενδιαφέροντος. Γνωρίζει ότι όλα αυτά γίνονται μέσα σε μία ευέλικτη και δημιουργική τάξη.

Τέτοια είναι η τάξη του αληθινού δάσκαλου.

Ευέλικτη δημιουργική και γεμάτη ζωή είναι τάξη που χαρίζει στα παιδιά ατέλειωτες ώρες χαράς. Χαράς που πηγάζει μέσα από την πραγματική μάθηση.

Ο εγκέφαλος δεν δόθηκε στο παιδί από ... λάθος της φύσης. Δόθηκε με την ίδια σκοπιμότητα που δόθηκε και στα υπόλοιπα όντα και λειτουργεί όπως και σ΄ εκείνα. Μαθαίνει με τον ίδιο τρόπο, με την αναζήτηση, την επιβεβαίωση, την επανάληψη.

Η μάθηση δεν είναι καταναγκασμός.

Η μάθηση είναι μια απέραντη ευχαρίστηση και ικανοποίηση και σε όλα αυτά πρέπει να συμβάλλει, με τρόπο καταλυτικό, η σχολική τάξη.

β. Ευχάριστη ατμόσφαιρα, η συμβολή του δασκάλου.

Ο αληθινός δάσκαλος έχει βρει την απάντηση στο βασανιστικό ερώτημα, τι είναι, επί τέλους, η περιβόητη σχολική τάξη και έχει διατυπώσει, εν προκειμένω, σαφείς και καθαρές απαντήσεις. Έτσι:

- Η σχολική τάξη αποτελεί μια ιδιόρρυθμη κοινωνική ομάδα.
- Ένα πολύπλοκο πλέγμα ενδοπροσωπικών και διαπροσωπικών σχέσεων, χαρακτηρίζει τη σχολική τάξη.
- Παιδιά που πιθανόν να μην είχαν καμιά επαφή μεταξύ τους, πριν από την έναρξη της σχολικής τους ζωής, μέσα στον χώρο της σχολικής τάξης έρχονται σε αμοιβαία επαφή, γνωριμία και συμβίωση.

- Συνδέονται και συνεργάζονται ή συγκρούονται, έλκονται ή απωθούνται και ικανοποιούν από κοινού τις εσωτερικές τους ανάγκες, ψυχολογικές και κοινωνικές.
- Με το κοινό τους παιχνίδι, τις ομαδικές δραστηριότητες, τον κοινό διάλογο και την καθημερινή συνύπαρξη σφυρηλατούν δεσμούς φιλίας ισόβιας διάρκειας.
- Μέσα στον ιδιόμορφο χώρο της αίθουσας δεσπόζει μια κυρίαρχη μορφή. Το πρόσωπο του δασκάλου, που λαμβάνει τεράστιες διαστάσεις στη συνείδηση του παιδιού.
- Τα παιδιά προσέρχονται στην τάξη κάθε μέρα, άλλοτε με εξαιρετική ευδιαθεσία και άλλοτε με βαριά καρδιά και σκυμμένο κεφάλι.
- Σε κάθε περίπτωση μέσα στην τάξη επιβάλλεται να ζουν ώρες ευτυχίας και να μη βιώνουν οδυνηρά συμβάντα. Αυτό είναι δουλειά του δασκάλου.
- Να ζουν τη χαρά της συνεργασίας. Να μην παλεύουν μέσα σε μία εξοντωτική ατμόσφαιρα καθημερινού ανταγωνισμού.
- Να ζουν τη χαρά της μάθησης και να μην βιώνουν πικρές απογοητεύσεις και σχολικές αποτυχίες.
- Να είναι σίγουρα ότι ζουν μέσα σε μια ατμόσφαιρα γνήσιας ελευθερίας, συνεργατικής πρακτικής και δημιουργικής.
- Να πιστεύουν ότι ακολουθούν κοινούς κανόνες για όλους και όχι εντολές τυφλής υποτα-

γής, που περιορίζουν τις δυνάμεις τους και τις πρωτοβουλίες τους.
- Μέσα σε μια δημιουργική τάξη, οι στόχοι των επιμέρους μαθημάτων καθορίζονται από τους ίδιους τους μαθητές με την καθοδήγηση του δασκάλου. Οι μαθητές αξιολογούνται κατά διαστήματα και οι στόχοι επανακαθορίζονται με τη μορφή της. επανατροφοδότησης.
- Σε μία ευχάριστη σχολική ατμόσφαιρα η αντικειμενική εκτίμηση της σχολικής επίδοσης δεν αποφεύγεται. Είναι μάλιστα επιβεβλημένη. Όμως χρησιμοποιεί τα αποτελέσματά της για την παρά πέρα πρόοδο όλων των μαθητών, όχι για τον διαχωρισμό τους σε καλούς, μέτριους και κακούς.
- Η ρύθμιση, με κοινωνικό τρόπο, της ζωής μέσα στην τάξη επιτυγχάνει με βεβαιότητα την αναγκαία κοινωνικοποίηση των μελών της, τη δημιουργία καλών έξεων και τη βελτίωση της ατμόσφαιρας.
- Σχετικές έρευνες απέδειξαν, ότι μια αυταρχική προσωπικότητα δασκάλου, παρά τις διδακτικές δεξιότητες, που πιθανόν έχει, δεν μπορεί να ασκήσει γόνιμη και ευεργετική επίδραση στους μαθητές, ούτε καν αποκλειστικά στο τομέα της μετάδοσης στείρων γνώσεων, λόγω των αρνητικών συναισθημάτων και αντιδράσεων, που εγείρει στις ψυχές τους.
- Στην τάξη του ο δάσκαλος, πρέπει να έχει την επαρκή γνώση της προσωπικότητας του κάθε

μαθητή του ξεχωριστά, από κάθε άποψη. Να αποσοβεί τις διαμάχες μεταξύ των μαθητών και να τις μετατρέπει σε δημιουργικές συνεργασίες.
- Ο δάσκαλος σήμερα, θα πρέπει να ξεπεράσει τα ψυχρά όρια του επαγγελματισμού, και να οραματίζεται μια παιδεία βασισμένη στον άνθρωπο και μια εκπαίδευση για ανθρώπους. Η σύγχρονη βιβλιογραφία άλλωστε, προσανατολίζεται στον κριτικό, στοχαζόμενο, ερευνητή και καινοτόμο δάσκαλο, ο οποίος είναι σε θέση να αντιλαμβάνεται τις ανάγκες του μαθητή, και ταυτόχρονα να λαμβάνει τα μηνύματα των καιρών και να αναλαμβάνει τις πρωτοβουλίες εκείνες που είναι απαραίτητες για τις μαθησιακές ανάγκες των μαθητών.
- Τέλος, δεν υπάρχει ευχάριστη σχολική ατμόσφαιρα όταν γεμίζει ο μαθητής με γνώσεις απ' έξω προς τα μέσα. Ευχάριστη σχολική ατμόσφαιρα υπάρχει όταν βγαίνουν από μέσα προς τα έξω οι ψηλότερες, ευγενέστερες και καλύτερες ιδιότητες που βρίσκονται έμφυτες σε κάθε μαθητή.

γ. Τα εργαλεία στα χέρια του αληθινού δασκάλου.

Στις περισσότερες σχολικές τάξεις, η εκπαίδευση είναι κατά βάση βιβλιοκεντρική, με την έννοια ότι οι περισσότερες δραστηριότητες στη διάρκεια της εκπαιδευτικής διαδικασίας, στηρίζονται στα επίσημα σχολικά βιβλία.

Υπάρχει όμως ο κίνδυνος να μυθοποιηθεί η γνώση που προέρχεται, αποκλειστικά, από τα σχολικά βιβλία και να έχουμε προσφορά μονομερών και συχνά ελεγχόμενων απόψεων και γνώσεων. Δηλαδή να έχουμε όλα τα συμπτώματα ενός ανησυχητικού και άκαμπτου συστήματος εκπαίδευσης.

Για τους παραπάνω λόγους, ο δημιουργικός και ευέλικτος δάσκαλος, φροντίζει να έχει στα χέρια του περισσότερα εργαλεία δημιουργίας, που ως αληθινά οχήματα οδηγούν στην πραγματική μάθηση.

Τα εν λόγω εργαλεία, είναι αναπτυγμένα στις «γωνιές» της αίθουσας και χρησιμοποιούνται σε όλη τη διάρκεια της εκπαιδευτικής διαδικασίας. Συμβάλλουν με τρόπο ψυχαγωγικό, με μια σχέση αλληλεπίδρασης ανάμεσα στα παιδιά και συνεισφέρουν στο μετασχηματισμό της διδακτέας ύλης σε γνώση.

Έτσι τα παιδιά ενθαρρύνονται να ξεναγηθούν στον κόσμο της φαντασίας και της δικής τους πραγματικότητας, όπου θα μπορέσουν να εξερευνήσουν τα μονοπάτια της γνώσης, που πλαταίνει τους ορίζοντές τους και δίνει νέες διαστάσεις στη σκέψη τους.

Η βοήθεια που δίνεται στα παιδιά, μέσα από την επαφή τους με τα «εργαλεία», έχει περισσότερο καταλυτικό χαρακτήρα, παρά κατευθυντήριο.

Μερικά από τα εργαλεία είναι:

γ[1]. Το θεατρικό παιχνίδι, η δραματοποίηση, η κούκλα.

Το θεατρικό παιχνίδι και η δραματοποίηση είναι ένα άριστο διδακτικό εργαλείο. Εάν επιστρατευτεί στην υπηρεσία της διδακτέας ύλης λαμβάνει μία ιδιαίτερη δυναμική, της οποίας τα οφέλη είναι πολλαπλά.

Στην εποχή μας που κατακλύζεται από το θέαμα που παρουσιάζει η τηλεόραση, η αντικατάσταση μέρους του θεάματος αυτού με το θεατρικό παιχνίδι, μέσα στην τάξη, διεγείρει την προσοχή και την ευμένεια των μαθητών και τη στρέφει σε δημιουργική και παραγωγική κατεύθυνση. Στην αρχή της σχολικής χρονιάς, τα παιδιά θα πρέπει να γνωριστούν μεταξύ τους και με το δάσκαλο τους. Πρέπει να «δεθούν» ως ομάδα. Πρέπει τα παιδιά να κατανοήσουν ότι το ανταγωνιστικό πνεύμα πρέπει να μετριαστεί, σε όσο το δυνατόν μεγαλύτερο βαθμό. Πρέπει ο ανταγωνισμός να μετατραπεί σε άμιλλα, μ' όλα τα στοιχεία ήθους που περιέχει ο όρος. Πρέπει να γίνει κατανοητό ότι ο ανταγωνισμός είναι ανασταλτικός παράγοντας για τη δουλειά, ενώ η άμιλλα είναι θετικός. Πολλές φορές τα παιδιά, κατά τη διάρκεια του μαθήματος ζητούν συνεχώς εξηγήσεις, ακόμα και για την πιο μικρή λεπτομέρεια. Η διδακτική διαδικασία σταματά για συνεχείς εξηγήσεις και επεξηγήσεις και διακόπτεται η ροή της και η δυναμική της.

Για να ξεπεραστεί αυτό συνιστώνται πολλά παιχνίδια με το σώμα και τη φωνή, καθώς και παιχνίδια εμπιστοσύνης και επικοινωνίας, τα οποία, αρχικά, βοηθούν στη συνειδητοποίηση της παρουσίας του άλλου και αργότερα στη χρησιμότητα του άλλου. Γεννιέται έτσι η συνεργατικότητα που δίνει, αντί του δάσκαλου, τις απαντήσεις στα αλλεπάλληλα ερωτήματα των μαθητών.

Στην ομάδα συμμετέχει ενεργά και ο δάσκαλος, του οποίου ο ρόλος δεν είναι να εξουσιάζει την ομάδα ή να αποφασίζει για λογαριασμό όλων των άλλων, αλλά αντιθέτως ο ρόλος του είναι κυρίως συντονιστικός. Ο δάσκαλος είναι ο συμπαίκτης, ο συνεργάτης τους.

Τι πιο όμορφο, για έναν δάσκαλο, που την πρώτη ημέρα της σχολικής χρονιάς, καλεί τα παιδιά να καθίσουν όλοι μαζί σε έναν μεγάλο κύκλο, να πιαστούν χέρι – χέρι, να αυτοσυστηθούν, να μιλήσουν για τα ενδιαφέροντά τους, να εκφράσουν τις απορίες τους, να γνωριστούν μακριά από τα θρανία.

Τι πιο όμορφο για τα παιδιά να μιλήσουν με τον δάσκαλό τους, που δε στέκεται όρθιος δίπλα στην έδρα του, αλλά με τον δάσκαλό τους που κάθισε δίπλα τους, που πιάστηκε στον κύκλο τους, που μίλησε και αυτός για τα ενδιαφέροντά του, εξέφρασε τις απορίες του, σαν ίσος προς ίσους, έθεσε τους στόχους της σχολικής χρονιάς μαζί τους, που αφουγκράστηκε τις ανησυχίες τους και τις συζήτησε.

Τι πιο όμορφο, για έναν δάσκαλο που, ειδικά την πρώτη ημέρα, θα παίξει και θα τραγουδήσει με τα παιδιά του!

Αλλά και στις επόμενες μέρες, μέσα από τα μουσικά παιχνίδια και τα παιχνιδοτράγουδα, θα ξεπεταχτεί η ενεργοποίηση και η συμμετοχή των παιδιών σε ομαδικές δραστηριότητες, σε δραστηριότητες με αμοιβαίο όφελος, μέσα σε ευχάριστο περιβάλλον. Σε ένα περιβάλλον όπου ο δάσκαλος είναι ο άνθρωπός τους, αυτός που τα έπιασε, τα άγγιξε και πάνω απ' όλα έπαιξε μαζί τους.

Η σπουδαιότητα της ικανότητας του αληθινού δασκάλου, συνίσταται στο ότι δημιουργεί απελευθερωτική ατμόσφαιρα στην τάξη του, αλλάζοντας ο ίδιος το ρόλο του, από πανειδήμονα σε συμπαίκτη, που δεν γνωρίζει τα πάντα αλλά γνωρίζει καλά πώς να παντρεύει τις ιδέες του με τις ιδέες των παιδιών.

Θα πρέπει να τονιστεί εδώ, ότι η διάταξη των θρανίων, δεν αρκεί για να δουλέψει μια τάξη χωρισμένη σε ομάδες εργασίας. Δεν αρκεί, δηλαδή, να χωρίσουμε τα παιδιά σε ομάδες και να δώσουμε ονόματα σ' αυτές.

Αυτός είναι ο λόγος που την πρώτη εβδομάδα κυρίως, αλλά και στη συνέχεια, καθ' όλη τη διάρκεια της σχολικής χρονιάς, επαναλαμβάνονται δραστηριότητες θεατρικού παιχνιδιού και δραματοποίησης.

Το θεατρικό παιχνίδι, το οποίο έχει σκοπό να τέρψει το παιδί, δημιουργεί συνθήκες απελευθέρωσης, χαράς και επικοινωνίας μέσα από τον αυθορμητισμό, τη λεκτική ή την κινητική έκφραση, τη φαντασία, τη συνεργασία. Είναι μία συνέχιση του παιχνιδιού του σπιτιού του, της γειτονιάς, της αλάνας.

Να μην ξεχνάμε ότι το παιχνίδι είναι η πιο γνήσια και αυθόρμητη μορφή ενεργητικότητας και το μόνο μέσο για να ξεπεράσει το παιδί τις δυσκολίες που συναντά στην εξελικτική του πορεία.

Το παιχνίδι είναι τρόπος ζωής, είναι επιθυμία για τη στιγμή που περνάει και γι αυτήν που ακολουθεί.

Το παιχνίδι είναι όρεξη για την ίδια τη ζωή.

Το παιχνίδι είναι μια δραστηριότητα κατά την οποία ο άνθρωπος ορίζει κανόνες και γι' αυτό αισθάνεται ελεύθερος να διαμορφώσει τις ενέργειές του σύμφωνα με τις αξίες και τους κανόνες που ο ίδιος έχει θέσει.

Το παιχνίδι είναι αυτό που πειθαρχεί το πνεύμα, αναπτύσσει τη κρίση, το συλλογισμό, τη μνήμη και τέλος τη φαντασία.

Το παιχνίδι είναι αυτό που αναπτύσσει τη συνεργατικότητα και την ευγενή άμιλλα.

Είναι αυτό που θέτει αυστηρούς και απαράκλητους κανόνες, τους οποίους τα παιδιά ακολουθούν πιστά.

Κατά τον Vygotsky το παιχνίδι προκαλεί στα παιδιά ισχυρά κίνητρα μάθησης, δημιουργώντας ζώνες εγγύτερης ανάπτυξης, όπου δυνητικά μπορούν να υπερβούν το παρόν αναπτυξιακό τους επίπεδο.

Με το θεατρικό παιχνίδι βελτιώνεται η εικόνα του μικρού μαθητή και ταυτόχρονα ανεβαίνει η αυτοπεποίθησή του.

Με το θεατρικό παιχνίδι το παιδί προσαρμόζεται καλύτερα και ξεπερνά τις αναστολές του.

Παίζοντας το παιδί βρίσκεται ανάμεσα στο όνειρο και την πραγματικότητα, κινείται μεταξύ του πλασματικού κόσμου του ονείρου και του υπαρκτού κόσμου της πραγματικότητας.

Με τη δραματοποίηση τα παιδιά γίνονται μύστες στο μυστήριο της ανάληψης ρόλων, στην επικοινωνία, στην καλλιέργεια του λόγου και της αισθητικής και στην ενδυνάμωση του συναισθήματος. Μέσα στην ομάδα μαθαίνουν να παίζουν το δικό τους κοινωνικό και θεατρικό ρόλο. Έχουν την ευκαιρία να υποδυθούν έναν ήρωα με τόσο πάθος, ώστε να ταυτιστούν με τον ήρωα, να αισθανθούν όπως αυτός και να ξεφύγουν από τον εαυτό τους.

Με την δραματοποίηση ένα συνηθισμένο αφηγηματικό κείμενο μετασχηματίζεται, μετατρέπεται, αναπλάθεται, επεξεργάζεται και γίνεται ψυχαγωγία και εμπειρία.

Το κείμενο, με τη θεατρική απόδοση από τα ίδια

τα παιδιά, με τη δραματική έκφραση, με τον αυτοσχεδιασμό, με την αναπαράσταση και με τη μίμηση γίνεται βαθιά γνώση και αξέχαστη εμπειρία.

γ². Το κουκλοθέατρο.

Στη γωνιά του κουκλοθέατρου, εκτός από το κουκλοθέατρο, αυτό καθ' αυτό, υπάρχει ένας ειδικά διαμορφωμένος χώρος με μεγάλα μαξιλάρια ή καρεκλάκια, ένας χώρος για την ελεύθερη κίνηση των παιδιών. Υπάρχει και το μπαουλάκι που κρύβει μέσα του ρούχα, πολλά πανιά σε διάφορα μεγέθη και χρώματα για την ένδυση των ηρώων.

Υπάρχουν κρουστά όργανα, μπαλάκια, λάστιχο που ενώνει κατά καιρούς όλα τα παιδιά και το δάσκαλο σε μια ομάδα, αφίσες και φωτογραφίες, αντίγραφα ζωγραφικών πινάκων, καθώς και μία συσκευή αναπαραγωγής μουσικής.

Η μουσική και οι μουσικές δραστηριότητες είναι γνωστό ότι εξασκούν την προσοχή, την αντίληψη και τη μνήμη, καθώς και τη δημιουργική φαντασία.

Δίπλα ακριβώς, συνυπάρχει και το κουτί με τα χρώματα, τα πινέλα και τα μεγάλα χαρτιά. Τα παιδιά δουλεύουν τα χρώματα με το χέρι, το χέρι που αναπτύσσει τη σκέψη, ώστε η σκέψη, με τη σειρά της, να αναπτύξει τη δεξιότητα.

Στη γωνιά αυτή τα παιδιά θα κατασκευάσουν τις κούκλες, τις μάσκες, τις γιγαντοκούκλες και το σκηνικό για ένα θεατρικό δρώμενο.

Το σώμα ελευθερώνεται, ο κάθε μαθητής κάθεται ελεύθερα στο χώρο, δεν καταπιέζεται, δεν αγχώνεται. Και εκεί που κάποιος θα νόμιζε ότι θα προκληθεί θόρυβος και αταξία, βλέπει ένα πειθαρχημένο κλίμα, ήρεμο, εκτονωμένο μέσα από τις πολυποίκιλες δραστηριότητες.

γ³. Οι κούκλες.

Πολύ σημαντικό εργαλείο στα χέρια του δασκάλου είναι οι κούκλες.

Κούκλες που τις κατασκεύασαν τα ίδια τα παιδιά ή τις έφερε ο δάσκαλος και τις σύστησε σαν καλούς του φίλους.

Οι κούκλες του κουκλοθέατρου είναι γνωστό ότι μετατρέπονται σε ζωντανά μέσα γιατί αναπτύσσουν πολύ εύκολα κώδικες επικοινωνίας με τα παιδιά.

Μπορούν να συζητούν μαζί τους. Τους διηγούνται παραμύθια, αλλά και τα βιώματά τους. Τα παιδιά ταυτίζονται μαζί τους, μιλούν ελεύθερα, εκφράζουν τα συναισθήματά τους και τις σκέψεις τους, επεξεργάζονται τον γλωσσικό τους κώδικα και ταυτόχρονα ψυχαγωγούνται.

Στη διάρκεια της σχολικής χρονιάς, οι κούκλες αντικαθιστούν τον δάσκαλο, γίνονται συντονίστριες, παροτρύνουν τα παιδιά να μιλήσουν. Τις περισσότερες φορές είναι αυτές που, με τη μεταφορά δικών τους καθημερινών βιωμάτων, αφυπνίζουν τον προβληματισμό των παιδιών.

Τα παιδιά ξεχνούν τον δάσκαλό τους και αρχίζουν να συζητούν, να τραγουδούν, να παίζουν με τις κούκλες. Είναι τόσο μεγάλη η μαγεία της κούκλας, που ακόμη και όταν δεν υπάρχει κουκλοθέατρο, τα παιδιά δεν βλέπουν τον δάσκαλο που τις κινεί, αλλά μόνο της ίδιες τις κούκλες.

Κάποιες στιγμές τα παιδιά μιλούν «μέσα» από τις κούκλες, εκφράζουν τα συναισθήματά τους, περνούν από το πραγματικό στο φανταστικό και απελευθερώνονται.

Τη γωνιά του κουκλοθέατρου τη χρησιμοποιούν και στην παρουσίαση των εργασιών τους. Αναλαμβάνουν πρωτοβουλίες και αναπτύσσουν έτσι την ικανότητα να επιλύουν τα προβλήματά τους ποικιλοτρόπως.

Ντύνονται με τα πανιά και παίζουν τους ρόλους τους στη διάρκεια της δραματοποίησης ενός λογοτεχνικού κειμένου, ενός ποιήματος, ενός τραγουδιού ή μιας σκηνής βγαλμένης μέσα από το μάθημα της ιστορίας.

Με τα παιχνίδια των ρόλων τα παιδιά, αυξάνουν την ικανότητά τους να βλέπουν τα πράγματα μέσα από τα μάτια των άλλων.

Παίζουν το έργο που έχουν γράψει τα ίδια και, μέσα από τις κούκλες, εκφράζουν τις σκέψεις τους και τα συναισθήματά τους.

Οδηγούνται, μέσα από την καλύτερη οδό στην αφηρημένη σκέψη, στον συμβολισμό και στην εξέλιξη της δημιουργικότητάς τους.

Η δραματοποίηση, το θεατρικό παιχνίδι το κουκλοθέατρο και η κούκλα, γίνονται εργαλεία στα χέρια του αληθινού δασκάλου, που με τον τρόπο αυτό κάνει να ανθίσουν όλα τα παιδιά, ακόμη και τα εσωστρεφή, που διαφορετικά, λόγω του κλειστού τους χαρακτήρα, δε θα μπορούσαν.

γ[4]. Το παραμύθι και η μορφωτική του αξία

Πολλές φορές κατά τη διάρκεια της σχολικής χρονιάς, ο δάσκαλος μετατρέπεται σε έναν πραγματικό παραμυθά, φορώντας το περίεργο καπέλο του, το καπέλο του παραμυθά, και η γωνιά του κουκλοθέατρου, μετατρέπεται σε ταξιδιάρικο τρενάκι, με οδηγό τον παραμυθά και επιβάτες τους μαθητές.

Η φράση «μια φορά και ένα καιρό...», ασκεί μαγική δύναμη και έχει μεγάλη σημασία για το παιδί.

Το παιδί, από τη στιγμή εκείνη, μεταφέρεται με τα φτερά της φαντασίας του σ' ένα θαυμαστό κόσμο, έναν κόσμο γεμάτο αισιοδοξία, χαρά, αγάπη, ειρήνη.

Το παραμύθι είναι ένα μέσο για τη γλωσσική ανάπτυξη του παιδιού.

Το παιδί ευχαριστιέται να ακούει παραμύθια ή ακόμη και να τα διηγείται.

Όταν διηγείται το δικό του παραμύθι ή ακόμη και το παραμύθι της ομάδας του, πετυχαίνει να χρησιμοποιεί πολλά στοιχεία του λεκτικού μας πλούτου και των εκφραστικών δυνατοτήτων που προσφέρει η γλώσσα μας.

Και στις δύο αυτές περιπτώσεις, του δίνονται εξαιρετικές ευκαιρίες να εμπλουτίσει το λεξιλόγιό του, να γίνει, ασυνείδητα, κάτοχος του γλωσσικού μηχανισμού και να ασκηθεί στην ακριβή και σαφή διατύπωση διανοημάτων και συναισθημάτων.

Η γνώση και η σωστή χρήση της γλώσσας, δεν αποτελεί απλά μόνο ένα εργαλείο επικοινωνίας, αλλά και ένα καθοριστικό συστατικό της προσωπικότητας του ανθρώπου και της φυσιογνωμίας ενός λαού.

Η γλώσσα, δεν είναι ένα άψυχο πράγμα, αλλά ένας ζωντανός οργανισμός. Μέσα από τη γνώση της γλώσσας, στο παιδί, απεικονίζονται στοιχεία από την ιστορία και το περιεχόμενο του ανθρώπινου πολιτισμού. Στα παραμύθια όλα έχουν ψυχή, αισθήσεις και βούληση. Όλα, ακόμα και οι πέτρες. Τα παραμύθια δεν τέρπουν απλά την παιδική ψυχή, αλλά ανταποκρίνονται στην παιδική ανάγκη και στην επιθυμία του παιδιού να ξεφύγει από τη ρουτίνα και την ψυχρή πραγματικότητα.

Ο δάσκαλος, θα πρέπει να κατέχει καλά το περιεχόμενο του παραμυθιού, ώστε να μπορεί να το διηγηθεί χωρίς διακοπές, επαναλήψεις και δισταγμό που χαλαρώνει την προσοχή των μαθητών του.

Η διήγηση θα πρέπει να είναι παραστατική, ζωντανή, ρέουσα και δραματική. Πρέπει να συνοδεύεται με μιμητικές κινήσεις και να χρησιμοποιεί τον ευθύ λόγο αντί του πλάγιου.

Θα πρέπει να αποφεύγει τις περιττές λεπτομέρειες, τις ηθικές κρίσεις των γεγονότων και τους χαρακτηρισμούς των δρώντων προσώπων, των ηρώων.

Θα πρέπει να έχει νιώσει ο ίδιος πρώτα την ομορφιά του κειμένου, για να τη μεταδώσει στα παιδιά.

Στο τέλος, τα παιδιά οδηγούνται αυθόρμητα στη δραματοποίηση, στην εικονογράφηση της ιστορίας, στο γράψιμο ενός παράλληλου παραμυθιού ή απλώς συνεχίζουν την ιστορία και της δίνουν το δικό τους τέλος.

Η πιστή δραματοποίηση μιας γνωστής ιστορίας, εμπεριέχει την ιδιαιτερότητα ότι τα παιδιά γνωρίζουν το τέλος εκ των προτέρων. Πολλές φορές, χρησιμοποιώντας λοιπόν, μια γνωστή ιστορία καλούνται τα παιδιά να σκεφθούν πώς θα την ξεκινήσουν, πώς θα την εξερευνήσουν και πώς θα διατηρήσουν ζωντανή τη δραματική της ένταση.

Άλλες φορές πάλι ο δάσκαλος, αφού διαβάσει το παραμύθι, επιχειρεί να αφηγηθεί μια ιστορία παρόμοια με εκείνη του παραμυθιού. Στη συνέχεια, όταν τα παιδιά θα την ακούσουν θα εντυπωσιαστούν, γιατί θα έχουν την ψευδαίσθηση ότι είναι μέρος της ιστορίας, που τώρα πια γίνεται κτήμα τους.

Με τους παραπάνω τρόπους, ο δάσκαλος πετυχαίνει να τοποθετεί τα παιδιά στον πυρήνα της μαθησιακής διαδικασίας, ώστε, με τη σειρά τους, με προσωπικό ενθουσιασμό και θέληση, να μαθαίνουν πιο εύκολα, να κατανοούν καλύτερα, και να αγαπούν το διάβασμα.

Η Virginia Havilant είπε: «Θα υπήρχε πλήρης στασιμότητα σ' όλες τις επιστήμες και στη τέχνη, δίχως την αχαλίνωτη φαντασία δημιουργικών ανθρώπων που, όπως φαίνεται, επηρεάστηκαν διαβάζοντας παραμύθια στην παιδική τους ηλικία». Σωστά. διότι:

Η φαντασία είναι πιο δυνατή από τη γνώση.
Τα όνειρα είναι πιο ισχυρά από τα γεγονότα.
Ο μύθος είναι πιο δραστικός από την ιστορία.

10
Συνεργασία με άλλους δασκάλους

Στο τέταρτο κεφάλαιο περιγράφτηκε η σχέση του δασκάλου με τους συναδέλφους του σχολείου του. Τονίστηκε η συμβολή του συλλόγου των διδασκόντων στη βελτίωση της διδακτικής απόδοσης ενός εκάστου των δασκάλων και της σχολικής μονάδας στο σύνολο.

Όμως στις μέρες μας η ανθρώπινη επικοινωνία και η ανταλλαγή απόψεων είναι πιο εύκολη από ποτέ. Όλοι επωφελούνται από τα σύγχρονα εργαλεία επικοινωνίας. Το ίδιο πρέπει να κάνει και ο δάσκαλος.

Σκεφτείτε έναν σχολικό σύλλογο διδασκόντων στον οποίο κάθε εβδομάδα ένα μέλος του έχει κάτι καινούργιο να ανακοινώσει. Μια ιδέα, π.χ. που εφαρμόζεται σε ένα μακρινό σχολείο, που έχει θαυμάσια αποτελέσματα, η οποία αν ενταχθεί σε μία παρόμοια ιδέα του σχολείου σας την κάνει πιο αποδοτική!

Συνεπώς, η συνεργασία με άλλους δασκάλους, άλλων σχολείων μακρινών και η ανταλλαγή πληροφοριών και απόψεων είναι βέβαιο ότι θα δώσει μία ώθηση ανύψωσης σε όλους τους δασκάλους, σε όλες τις τάξεις, σε όλα τα σχολεία που συνεργάζονται.

Ο αληθινός δάσκαλος έχει ήδη βρει άλλους αληθινούς δασκάλους και έχει φτιάξει πολλαπλές γέφυρες επικοινωνίας με αυτούς. Ο αληθινός δάσκαλος χρησιμοποιεί ένα ή περισσότερα από τα παρακάτω εργαλεία και σας παρακινεί να ξεκινήσετε τη χρήση τους, ως ουσιώδη εργαλεία, και στη δική σας τάξη. Έτσι:

- Φτιάξτε ένα blog, για να επικοινωνείτε. Κάνετε τους μαθητές σας συνεργαζόμενους αρθρογράφους. Ζητήστε τους να συμμετέχουν ενεργά.
- Φτιάξτε ένα Twitter. Συνδεθείτε με τους μαθητές σας. Συνδεθείτε με άλλους δασκάλους σε όλα τα πλάτη και μήκη της γης. Μαζέψτε ιδέες και προσθέστε τις στις δικές σας. Ανταλλάξτε ερωτήσεις και απαντήσεις.
- Φτιάξτε ένα wiki. Προσφέρετε συνεργατική μάθηση, δημιουργήστε λεξικό ορολογίας. Φτιάξτε ένα ερευνητικό project. Δημιουργείστε διάλογο. Καλέστε ειδικούς να μοιραστούν τη γνώση τους με την τάξη σας.
- Δημιουργείστε ένα Glogster. Κάντε ένα διαδραστικό poster όπου θα αναρτώνται φωτογραφίες και video. Δημιουργείστε video ντοκιμαντέρ. Σχεδιάστε μία διαδραστική παρουσίαση. Εκπονήστε project συνεργασίας.
- Χρησιμοποιήστε μικρές βιντεοκάμερες και αφηγηθείτε ένα θέμα με ένα βιντεάκι. Καταγράψτε στιγμιότυπα του μαθήματος και

χρησιμοποιήστε τα ως οδηγούς διδασκαλίας. Καταγράψτε τις δραστηριότητες της τάξης για τη διορθωτική σας ανατροφοδότηση. Καταγράψτε τις δραστηριότητες της τάξης για την κατάρτιση άλλων δασκάλων. Προκαλέστε έναν καταιγισμό ιδεών ή έναν διάλογο καθώς παρακολουθείτε ένα video. Φτιάξτε ένα quiz μόλις τελειώσει το video.
- Χρησιμοποιήστε Animoto και κάνετε ένα slideshow. Φτιάξτε ένα τρέιλερ για το μάθημά σας. Φτιάξτε τη δική σας ψηφιακή ιστορία. Μάθετε στους μαθητές σας να εργάζονται μέσα από εικόνες. Ζητήστε από τους μαθητές σας να σας δείξουν πώς συνέλαβαν και πώς υλοποίησαν την ιδέα τους.
- Ιδρύστε ένα forum. Δημιουργείστε διαφορετικές δραστηριότητες για να μπορούν οι μαθητές να επιλέξουν. Ενσωματώστε δυναμικό περιεχόμενο από YouTube, Flickr, Quizmaker. Χρησιμοποιήστε το forum σας ως δυναμικό αντικείμενο.
- YouTube. Επισκεφτείτε το YouTube Life in a day για να γνωρίσετε διαφορετικούς πολιτισμούς. Επισκεφτείτε το Teacher Tube.
- Δημιουργείστε τον ιστότοπό σας στο Google Sites.
- Δημιουργείστε ημερολόγιο τάξης με το Google Calendar. Επικοινωνήστε με το Google Talk. Χρησιμοποιήστε το Google Maps για να αφηγηθούν τα παιδιά τη δική τους ιστορία
- Συστήστε στους μαθητές σας ψηφιακά βι-

βλία. Υπάρχουν δωρεάν άπειρα βιβλία στο διαδίκτυο. Μπορείτε να ανιχνεύσετε τα ενδιαφέροντα και τις ανάγκες των μαθητών σας και να τους υποδείξετε τα καλύτερα βιβλία.

Εννοείται ότι κανένας δάσκαλος δεν μπορεί να κάνει χρήση όλων αυτών των δυνατοτήτων ταυτοχρόνως και καθημερινά. Δείτε με προσοχή τις υποδείξεις και επιλέξτε μία ή δύο εφαρμογές, που νομίζετε ότι θα αναβαθμίσουν τη διδασκαλία σας.

Όσο κι αν, τώρα, σας φαίνεται δύσκολο, πολύ σύντομα θα εξοικειωθείτε με τη χρήση του. Τα παιδιά εξοικειώνονται πολύ πιο γρήγορα και συμμετέχουν με ενθουσιασμό. Σε σας έγκειται να μετατρέψετε τον ενθουσιασμό σε δημιουργία και σε μάθηση.

Επιλογοσ

Ο σημερινός δάσκαλος

Η εποχή που η εκμάθηση της ανάγνωσης, της γραφής και των τεσσάρων αριθμητικών πράξεων ήταν ο κύριος σκοπός του σχολείου, έχει παρέλθει προ πολλού.

Μαζί της έχει παρέλθει και η εποχή της «στοιχειώδους εκπαίδευσης», που δυστυχώς ως όρος χρησιμοποιείται ακόμη. Οι σχολικές απαιτήσεις έχουν διογκωθεί.

Για να ανταποκριθεί ο σημερινός δάσκαλος στο έργο του, πρέπει να είναι ολοκληρωμένος άνθρωπος, θετικός παρατηρητής και ερμηνευτής των γεγονότων και ουσιαστικός και απροκατάληπτος μορφωτής.

Η αποστολή του δασκάλου, σήμερα, έχει πολύ μεγαλύτερες και δυσκολότερες απαιτήσεις. Είναι πλέον έργο βαθιά πνευματικό και πολύπλευρο. Είναι έργο πνοής, που μαζί με την έμφυτη δημιουργική δύναμη προϋποθέτει μια προσωπικότητα πλούσια, καλλιεργημένη και με βαρύ το αίσθημα της ευθύνης. Προϋποθέτει μια προικισμένη ψυχή.

Το έργο του δασκάλου δεν περιορίζεται πλέον σε απλούς τεχνολογικούς και μεθοδολογικούς κανόνες. Οι υποχρεώσεις του έγιναν βαθύτερες.

Ο μαθητής, που προσφέρει τη φρεσκάδα του, την προθυμία του, τα χρόνια της τρυφερής ηλικίας του, ζητά από το σημερινό δάσκαλο να είναι μια καλλιεργημένη διάνοια, ένα πνεύμα ανοιχτό και ανήσυχο. Ο παλαιός εμπειρισμός δεν αρκεί πλέον.

Απαιτείται, λοιπόν, επίμονη παρακολούθηση των παιδολογικών επιστημών και καθημερινός εμπλουτισμός της γενικής καλλιέργειάς του για να μπορέσει να αντιμετωπίσει αποτελεσματικά τη σύγχρονη σχολική πραγματικότητα, για να αποβεί ενσαρκωτής ιδανικών πολιτισμού και ανθρωπισμού, για να αναπτύξει την γνωστική περιέργεια στο μαθητή ώστε να τον οδηγήσει φυσικά και αβίαστα στην ψυχική και πνευματική ωρίμανση.

Χρειάζεται από μέρους του, έρευνα και διάγνωση της παιδικής νοοτροπίας του καιρού μας, των ενδιαφερόντων, των αναγκών και ροπών του παιδιού.

Είναι λάθος να ασκεί τη διδασκαλία όπως την ασκούσε ο δικός του δάσκαλος.

Τη θεωρία, που είναι αποταμιευμένη στα βιβλία, να την ξεπεράσει. Να την κάνει πράξη ανανεωτική, ευεργετική και απολυτρωτική στη σχολική του πρακτική.

Ο δάσκαλος δεν είναι διεκπεραιωτής εγγράφων, δεν κάθεται σε μια καρέκλα ενός γραφείου, αντίθετα είναι δημιουργός ανθρώπων και κοινωνίας.

Ο δάσκαλος δεν είναι ένας ξερός επαγγελματίας. Έχει απέναντί του καθημερινά άδολα μάτια, αθώα, αγνά, γεμάτα απορία.

Επιλογος

Έχει ψυχές που αναζητούν την αλήθεια.
Ο δάσκαλος είναι ψυχοπλάστης.

Ο σημερινός δάσκαλος δεν ξοδεύει όλο του το χρόνο στη μετάδοση των γνώσεων, που ορίζει το αναλυτικό πρόγραμμα. Βεβαίως, το κάνει και αυτό, είναι καθήκον του. Όμως, ως επιστήμονας αιχμής, πρέπει να προσφέρει κάτι διαφορετικό. Το διαφορετικό πηγάζει από την πίστη του ότι το σχολείο είναι ένας υγιής οργανισμός, ότι είναι ένας οργανωμένος κοινωνικός θεσμός και όχι μια κλινική μεταμόσχευσης γνώσεων.

Ο σημερινός δάσκαλος, υποχρεωμένος από την απίστευτη ταχύτητα που καθημερινά εμφανίζονται και αποταμιεύονται αμέτρητα τεχνολογικά αγαθά και γνώσεις, έχει προχωρήσει σε πολλές και γενναίες αναθεωρήσεις των παραδοσιακών εννοιών της επιστήμης του.

Στη σημερινή εποχή λοιπόν, το ζήτημα της πνευματικότητας και της προσωπικότητας του δασκάλου, είναι περισσότερο από κάθε άλλη εποχή απαίτηση και ανάγκη των μαθητών.

Η προσευχή της δασκάλας

Κάνε, Κύριε, να βλέπω κάθε πρωί τον ήλιο
και ύστερα άλλους σαράντα ήλιους λαμπρούς,
που είναι τα ματάκια των μαθητών μου.

Κάνε τα μάτια μου ήρεμα κεριά αναμμένα,
που αντανακλώνται στα μάτια των μαθητών
και που ζεσταίνουν τις άκακες καρδιές τους.

Κάνε να γίνω ο υπηρέτης της περιέργειας,
που κατακλύζει τον δραστήριο νου τους
και όχι ο υπηρέτης της δικής μου περιέργειας.

Κάνε να έχω ασίγαστη διάθεση προσφοράς
κάθε ώρα, κάθε λεπτό για κάθε μαθητή μου.
Κάνε με αποδέκτη της παιδικής χαράς.

Έχω θετικό δεσμό με κάθε έναν μαθητή μου;
Έχω, έστω έναν και μόνο αρνητικό δεσμό;
Κάνε, Κύριε, να αντιληφθώ το λάθος μου.

Κάνε να εμπιστεύομαι τους μαθητές μου,
να μην αμφιβάλλω για την καλή τους πρόθεση.
Διαφορετικά, πώς θα με εμπιστευτούν εκείνοι;

Κάνε με να κατανοήσω τις δυνατότητές τους.
Κάνε με να κατανοήσω τον κόσμο του παιδιού,
για να μην του προσφέρω τον δικό μου κόσμο.

ΕΠΙΛΟΓΟΣ

A Teacher's Prayer

Lord, let me see the sun each morning
and then forty more bright suns –
the little eyes of my students.

Let my eyes be peaceful, lighted candles
that are reflected in the eyes of my students,
warming their artless hearts.

Let me become the servant of the curiosity
which inundates their active minds
and not the servant of my own curiosity.

Let me have an unquenchable tendency to give
every hour, every moment for each of my students.
Let me be the recipient of the children's joy.

Do I have a positive relationship with each of my students?
Do I have even one and only one negative relationship?
Let me perceive my error, Lord.

Let me trust my students,
let me not doubt their good intentions.
Or else, how will they trust me?

Let me understand their capabilities.
Let me understand the world of the child,
so that I do not offer him my world.

Κάνε τη διδασκαλία μου εμπειρία ζωής.
Κάνε τις αξίες μελωδία της διδασκαλίας μου.
Κάνε τη διδασκαλία μου οξυγόνο της ψυχής.

Κάνε, να βγάζω, από μέσα προς τα έξω,
τις ευγενέστερες και καλύτερες ιδιότητες
που κρύβονται μέσα σε κάθε μαθητή μου.

Κάνε με καταφύγιο στον άκαρδο τούτο κόσμο.
Κάνε με πατρική, μητρική και στοργική.
Γέμισέ με με αγάπη, που είναι η δύναμη για όλα.

Κάνε με γέφυρα να περάσει απέναντι ο μαθητής.
Όταν περάσει γκρέμισέ με. Θα πέσω χαρούμενα.
Κοίταξε, Κύριε, ο μαθητής μου χτίζει τη γέφυρά του.

ΕΠΙΛΟΓΟΣ

Let my teachings be a life experience.
Let values be their melody.
Let my teachings be the oxygen of the soul.

Let me bring out from within,
the noblest and best attributes
that are hidden in each of my students.

Let me be a shelter from this heartless world.
Let me be paternal, maternal and loving.
Fill me with the love that is the strength for everything.

Let me be the bridge the student crosses over.
When he passes, knock me down. I will crumble happily.
Look, Lord, my student is building his own bridge.

Έμπνευση για το βιβλίο αυτό ήταν τα σημεία των καιρών και ένα παλαιότερο βιβλίο μου, που αγαπήθηκε πολύ, και έφερε τον τίτλο «Μαθαίνοντας πώς να μαθαίνω»

- **Άννα Δ. Παππά**

Η συγγραφέας:

Η Άννα Δ. Παππά γεννήθηκε στη Θεσσαλονίκη το 1963. Προέρχεται από οικογένεια διακεκριμένων δασκάλων. Είναι αριστούχος απόφοιτος τόσο της Παιδαγωγικής Ακαδημίας, όσο και του Παιδαγωγικού Τμήματος του Πανεπιστημίου Θεσσαλονίκης. Εξειδικεύτηκε στην «Οργάνωση και Διοίκηση Σχολικών Μονάδων» στο Πανεπιστήμιο Μακεδονίας.Από τα φοιτητικά της χρόνια ασχολήθηκε με τη λαογραφική έρευνα και δημοσίευσε σειρά άρθρων λαογραφικού, ηθογραφικού και παιδαγωγικού ενδιαφέροντος.Έκανε συνείδηση και πράξη τη «δια βίου μάθηση» και έλαβε αριθμό άλλων επιμορφώσεων σε θέματα παιδαγωγικά, πληροφορικής και διδακτικής. Μόνιμα εστιάζει το ενδιαφέρον της στο θεατρικό παιχνίδι, δραματοποίηση.Διετέλεσε επιμορφώτρια του Παιδαγωγικού Ινστιτούτου Αθηνών σε θέματα που σχετίζονται με τις συμμετοχικές δημιουργικές δραστηριότητες στην Ευέλικτη Ζώνη.Επί δύο και πλέον δεκαετίες διδάσκει όλα τα μαθήματα καθημερινά με ευέλικτο και διαθεματικό τρόπο.Είναι δραστήριο μέλος της Πανθεσσαλονίκειας Κίνησης Πολιτών «Η Αλκυόνη». Τέλος, είναι παντρεμένη και έχει δύο, αριστούχους, γιους.

Το Blog μου: pappanna.wordpress.com
Βρείτε με @ facebook: Άννα Παππά

ΕΙΣΑΙ ΣΥΓΓΡΑΦΕΑΣ; ΓΙΝΕ ΕΚΔΟΤΗΣ!

ΣΤΙΣ **ΕΚΔΟΣΕΙΣ ΦΥΛΑΤΟΣ**

ΠΗΓΑΙΝΕ στο www.fylatos.com και δες τα μοναδικά πακέτα αυτοέκδοσης!

www.ingramcontent.com/pod-product-compliance
Lightning Source LLC
Chambersburg PA
CBHW021014090426
4273BCB00007B/788